U0472410

高职高专经济管理类精品规划教材

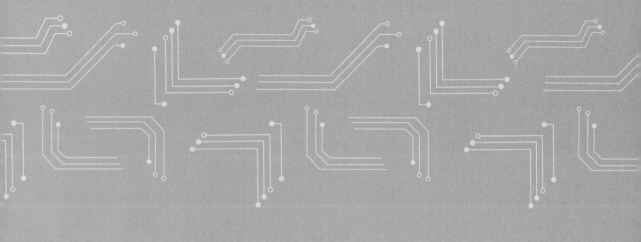

ACCOUNTING SKILLS

会计技能

刘巧利　　张梦影　◎　主编

上海财经大学出版社
SHANGHAI UNIVERSITY OF FINANCE & ECONOMICS PRESS

上海学术·经济学出版中心

图书在版编目(ＣＩＰ)数据

会计技能/刘巧利,张梦影主编. —上海:上海财经大学出版社,2024.1
高职高专经济管理类精品规划教材
ISBN 978－7－5642－4252－7/F.4252

Ⅰ. ①会… Ⅱ. ①刘… ②张… Ⅲ. ①会计学-高等职业教育-教材
Ⅳ.①F230

中国国家版本馆 CIP 数据核字(2023)第 184888 号

□ 策划编辑　陆迎东　陈　佶
□ 责任编辑　黄　荟
□ 封面设计　贺加贝

会计技能

刘巧利　张梦影　主编

上海财经大学出版社出版发行
(上海市中山北一路 369 号　邮编 200083)
网　　址:http://www.sufep.com
电子邮箱:webmaster@sufep.com
全国新华书店经销
上海颛辉印刷厂有限公司印刷装订
2024 年 1 月第 1 版　2024 年 1 月第 1 次印刷

787mm×1092mm　1/16　12.75印张　214千字
定价:42.00元

前　言

本教材以职业技能的形成和职业能力的培养为重点、以项目和技能点为中心组织学习内容。内容涵盖会计基本技能和会计专项技能。通过会计书写技能、珠算技能、点钞验钞技能等训练，提高学生的会计基本技能；通过会计实务技能、会计办公设备操作技能、会计软件应用技能等训练，提高学生的会计专项技能。传承和发扬"工匠精神"，进一步贯彻落实党的二十大精神，做合格会计人。

本教材在编写上具有以下特色：

1. 体系清晰。本教材在编写过程中，将会计技能的诸多知识点，以脉络式的总结进行了梳理并归纳成思维导图，将案例、任务、知识链接及实训融入知识体系中，以便学生理解和吸收。

2. 突出应用。本教材以能力为核心、以够用为尺度、以实用为准则，着重培养学生的实操能力。综合当前会计基础理论和实务操作的基本要求，按照实务操作的一般顺序和流程进行编写，从形式到内容均有所创新，在一定程度上突破了一般基础会计教材的编写模式，协同创新深化"三教"改革，在每个项目末附有大量实训题，方便学生进行实操性训练，培养学生的学习转化能力和动手操作能力。

3. 通俗易懂。教材内容完整，先易后难，循序渐进，重点突出。以大量举例逐步引入概念，便于学生理解；学生通过本书的学习和实践，能够迅速掌握会计操作的各项基本技能，以良好的素质和扎实的基本功来应对会计基础工作。

本教材是河南测绘职业学院高职会计专业立体化教材项目成果，可以作为高职高专财会类、经贸类、金融类及其他专业的会计课程训练教材，也可以作为财会、金融人员的培训教材和参考读物。

本教材由河南测绘职业学院的刘巧利、张梦影任主编，王利、牛佳、王照君、王怡茜任副主编。

本教材在编写过程中参考借鉴了众多专家和学者的著作和相关资料,在此谨向所有作者表示衷心的感谢! 由于编者水平有限,书中难免有疏漏之处,恳请广大读者批评指正!

编　者

2024 年 1 月

目　　录

项目一
会计技能概述

学习目标 ▰

素质目标

1. 树立不断学习和提升自己会计专业技能的理念。

2. 不断在会计技能实践中磨炼自己的动手能力。

知识目标

1. 认识会计技能有哪些。

2. 理解会计技能的重要性。

技能目标

能够掌握会计技能实操的方法。

案例导入

掌握技能的重要性

陈小丽是广州某高校 2022 届会计学专业毕业生。2022 年 6 月,广州某银行向社会公开招聘 30 名会计学专业应届毕业生,共有 1 000 多名应聘者报名。经过紧张的笔试、面试和技能考核,陈小丽成为该银行的一名员工。对于考核,她深有感触,逾千人同场竞争,她的笔试、面试不占优势,但点钞、珠算、计算器盲打和票据填写等技能考核让她脱颖而出。

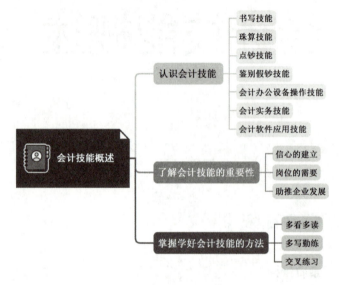

图 1—1 思维导图

任务一 认识会计技能

【任务描述】

小林是财会专业的一名大学生,他对会计一直比较感兴趣,因此,他高考填写志愿时选择了他喜欢的会计相关专业。大学刚开始上课时老师就说了会计技能对于以后的会计工作非常重要,因此,他也下定决心一定要熟练掌握会计技能。

本任务我们就跟随他一起来认识会计技能主要有哪些。

认识会计技能

【任务实施】

会计职业入门所需的基本专业技能主要有书写技能、珠算技能、点钞技能、鉴别假钞技能、会计办公设备操作技能、会计实务技能、会计软件应用技能等。

一、书写技能

会计实务工作离不开书写，书写技能是会计技能中非常重要的一项基本功。在日常会计核算工作中，会计书写技能一般包括阿拉伯数字书写、中文大写数字书写两部分。

会计职业入门的书写技能要求是，在填制原始凭证、编制记账凭证、登记账簿和编制会计报表的会计账务处理过程中，会计人员书写阿拉伯数字和大小写金额时应规范化，力求做到正确、清晰、整洁和美观。

二、珠算技能

珠算是以算盘为工具、运用手指拨珠进行数字运算的一门计算技术。

会计职业入门的珠算技能要求是，能运用珠算的基础知识、方法、技巧，熟练掌握加、减、乘、除运算以及账表算、传票算，具备《全国珠算技术等级鉴定标准》5级以上水平。

知识加油站

珠算技术等级鉴定

珠算技术等级鉴定是对人的珠算计算能力的一种考核办法，即用一套计算量相同的格式化题目，根据参加鉴定人在规定的时间内运用珠算技术正确完成的题数而定级，主要是测试计算的速度和准确性。中国珠算协会制定的《全国珠算技术等级鉴定标准》分为普通级1～6级、能手级1～6级。

三、点钞技能

点钞是运用手持式或点钞机进行准确、快速清点钞券的一门技术。

会计职业入门的点钞技能要求是，能掌握运用点钞机点钞、验钞的技能，能熟练运用手持式点钞法，掌握单指单张点钞、多指多张点钞、扇面式点钞等点钞技能和方法。

四、鉴别假钞技能

假钞鉴别就是通过"看、摸、听、比、测"或借助仪器等,准确、快速地识别假钞的一门技术。

会计职业入门的鉴别假钞技能要求是,能运用"看、摸、听、比、测"鉴别真假币。看,看票面的颜色、轮廓、花纹、线条、图案、水印、安全线等;摸,针对票面光滑程度等反复抚摸,发现假币;听,以手指弹击票币,或用手指捏住票面的一端甩动票币,仔细听票币发出的声响;比,用真币和可疑票币的局部、图案、花纹进行对比,仔细观察,还可以从纸质、墨色、印刷技术方面进行对比;测,就是用尺衡量钞票规格尺寸。

五、会计办公设备操作技能

会计办公设备包括电子计算器、计算机小键盘、电子收银机、网上银行、传票翻打机等。

以计算机小键盘为例,会计职业入门的小键盘录入技能要求是,掌握正确的小键盘数字录入指法和传票翻打方法,能根据传票快速、准确地录入数字。

六、会计实务技能

会计实务技能是会计从业技能体系中的核心技能。会计实务就是准确运用会计准则和会计制度进行记账、算账、用账、报账的一门技术。

会计职业入门的会计实务技能要求是,能正确、及时地进行原始凭证填制与审核,记账凭证填制与审核,登记账簿,编制会计报表,凭证汇总装订,活页账簿整理、装订,其他会计档案整理、归档等。

七、会计软件应用技能

会计软件应用技能是使用计算机及相关外部设备和一种会计软件处理会计工作基本业务的方法和技能。

会计职业入门的会计软件应用技能要求是,能独立熟练地应用会计软件完成会计建账及日常会计核算业务工作。

目前,会计软件应用技能的要求和鉴定标准已由人力资源和社会保障部制定《会计软件应用技能培训和鉴定标准》,进行会计电算化员(操作员级)、会计电算化师(操作师级)两个级别的职业资格鉴定。

任务二 了解会计技能的重要性

【任务描述】

小林在认识了会计技能主要包括哪些以后,学习这些技能对自己的能力提升有什么好处? 对日后的工作有什么帮助? 如何在企业中运用这些技能? 这些问题引起了小林的深思。

本任务我们就跟随他一起来了解会计技能的重要性。

【任务实施】

随着市场经济的不断完善和市场竞争的日趋激烈,社会对人才的认识正在发生着微妙的变化,这种变化就是从单纯注重文凭向同时注重实际操作能力的转变。专业技能型人才供不应求,拥有一项好的专业技能,不仅可以在工作中体现价值,而且可以通过经验的积累不断创新技能,在人才市场上保持竞争力。

了解会计技能
的重要性

一、信心的建立

会计技能实操是一种综合性思考与动作协调性结合的运动过程。学生通过学习专业技能知识,可以提高动手能力、协调能力,培养竞争意识,开发智力,增强学习兴趣,全面提高专业素质。成功的喜悦离不开艰辛的训练过程,会计技能实操是一个既辛苦又富于挑战的过程,是从陌生到熟练运用、从零的突破向完成目标的过程,它能使学生在不知不觉中养成认真严谨、不怕吃苦的习惯并建立自信。

二、岗位的需要

应用型教育的目的是培养创新型、应用型人才。目前,财会专业学生就业范围十分广泛。毕业生刚工作时,一般都被安排在基础岗位,例如,出纳岗位、银行柜员岗位、收费岗位等。在会计工作的一系列流程中,多种技能贯穿于各个岗位。例如,会计人员填制记账凭证、登记会计账簿时,要规范填写会计摘要和数字;为客户开具收据、发票时,要符合票据开具规定要求;出纳员、收银员在收取现金时,要掌握点钞技巧、识别真伪钞的技能和熟悉收款机的操作;月末结账、编制报表、编制预算时,要运用计算器或算盘进行运算;出纳员开具支票时,要加盖财务专用章及法人印章,印鉴齐全的支票才具有法律效力,所以印章保管也是需要掌握的会计技能。

三、助推企业发展

　　技能型员工是企业非常宝贵的人才,技能型人才已经成为构成企业核心竞争力的关键因素。企业要参与市场竞争,必须拥有高素质技能人才队伍。企业要求财务人员熟练掌握会计专业技能、提高工作效率、创造经济效益和提升企业形象,这就要求财会专业的毕业生不仅要学好会计理论知识,更要掌握过硬的专业技能本领,提高实践与动手能力,做到会计理论与实际工作零距离对接,助推企业发展。

学思同行

吉安文山有限责任会计师事务所、邹帆出具证明文件
重大失实案二审刑事判决

审判机构:

江西省吉安市中级人民法院

相关从业人员:

吉安文山有限责任会计师事务所及其主任会计师邹帆

案件概况:

　　为吉安豪林佳担保有限公司提供虚假验资报告,实际出资 50 万元,验资报告确认为 5 000 万元。后者据此验资报告向江西省政府金融办申领融资性担保机构经营许可证。77 名群众相信吉安豪林佳公司具有的经济担保实力,并通过该公司工作人员与他人签订借款合同,以该公司进行借款担保。后这些资金全部被挪作其他投资并投资失败,致使资金链断裂。截至案发之日,77 名投资者共投资 7 588 072 元,已还本金 49 000 元,仅收回利息 254 436 元等,损失达 7 284 636 元。

审判结果:

　　吉安文山有限责任会计师事务所主任会计师邹帆犯出具证明文件重大失实罪,判处拘役 3 个月,缓刑 3 个月,并处罚金人民币 5 万元。

任务三　掌握学好会计技能的方法

【任务描述】

　　小林在与学长和学姐聊天的过程中发现,部分学长和学姐认为会计技能多而杂,而且练习起来有点枯燥,多数人只能了解"皮毛",不能做到"专而精"。但小林看到还是有技能掌握得很好的同学,因此,他决定向这些同学看齐,通过练习努力提高自己的会计技能。

本任务我们就跟随他一起来学习学好会计技能的方法。

【任务实施】

会计技能实操是一个综合的技能训练项目。由于技能类型较多,不同类型技能的功能、作用和适用条件也不尽相同。训练者按照会计实际工作流程,结合自己的兴趣、爱好,按照先易后难的原则,循序渐进地完成学习和训练,不断体验进步和成功的感觉,增强自信心。

学生要熟练掌握各种会计技能,需要做到以下几点要求:

一、多看多读

作为常与数字打交道的财会专业学生,应通过多看数字,利用分位符号快速、准确地读出数字,通过多看多读使自己善于观察数字与数字之间的关系,从而培养良好的数字敏感性。例如,本月销售额从上月的600万元增加到了636万元,即销售率上升了6%。

二、多写勤练

会计工作离不开书写,不仅要书写文字,还要书写数字,相辅相成。数字离不开文字的表述,文字也离不开数字的说明,只有文字、数字并用,才能准确反映经济业务。会计文字和数字书写规范是会计的基础,直接关系到会计工作质量的优劣和会计管理水平的高低。因此,学生平时应按要求多练习,练就规范的会计文字和数字书写技能。一本整齐规范的会计账簿是财会专业学生专业能力的直接体现,也是展示自己的"专业名片"。会计多项技能实为"易学难精":"易学"表现在通过教师传授和指导,这些技能可以很快学会;"难精"则表现在学生如果不能掌握技能的要点,不勤加练习,就只能停留在表面,仅仅是会而已,不能熟能生巧。珠算四则运算、计算器盲打、点钞等专业技能,需要学生在一段时间内坚持每天至少练习20分钟及以上,持之以恒,才会有所提高和收获。

三、交叉练习

会计技能的训练过程是较为枯燥和乏味的,其中,珠算四则运算、计算器盲打输入练习更是对意志和耐力的一种考验。学生在重复单一的技能练习时,可能会产生厌烦心理,可以结合点钞技能、数码字书写等进行交叉练习,缓解大脑紧张,提高训练效果。

中国智慧

中国古代会计核算方法:四柱结算法

四柱结算法是中国古代重要的会计结算方法之一,分别为"旧管""新收""开除""实在"。"旧管"的基本含义即"期初余额(或上期结存)","新收"的基本含义即"本期增加额","开除"的基本含义即"本期减少额",而"实在"的基本含义则为"期末余额"。四柱结算的基本公式为"旧管＋新收－开除＝实在"。因此,用现代的话来讲,"旧管、新收、开除、实在"就是进行会计核算及会计结算的四大要素。古人形象地把它们比喻为支撑大厦的四根支柱,缺一不可,故名四柱结算法。

四柱结算法的创立和运用,是我国唐宋时期在中式会计方法上的重大突破,是我国古代的会计工作者在管理社会经济实践中创造的科学结算方法,它的产生、运用和发展完善,在会计发展史上占有重要地位和具有十分重要的意义。

四柱结算法的创立和运用,不仅是中国会计对世界会计方法发展的一个重要贡献,而且它对世界上许多国家的会计核算曾有过重要影响。1494年,卢卡·帕乔利在其《数学大全》一书中列示出"一人所有财物＝其人所有权总值"的平衡公式,标志着西式平衡结算法的创建完成。西式平衡结算法与中式四柱结算法的形式虽然不同,但原理和作用却大致相同。如果把西式平衡结算法产生的时间确定在 13 世纪的话,那么,我国四柱结算法的创立和运用比西式平衡结算法的出现要早好几百年,在世界会计发展史上,这一方法一度处于领先地位。我国四柱结算法不仅得到了世界会计史学家的肯定,而且普遍受到世界会计学者和研究者的重视。

实训演练——会计岗位需求技能大调查

一、实训任务

此次活动旨在让学生更加了解真实的会计岗位需要哪些类型的人才,以及具备哪些技能的人才能更容易得到企业和社会的青睐,以便在日后的学习中,学生能够有针对性地提高自己的技能水平。

(一)实训主题

"职"等你来。

(二)实训时间及地点

实训开展学期：_____。

实训开展时间：___年___月___日—___年___月___日。

实训地点：_____。

(三)实训要求

(1)运用实地调查法、访谈法、问卷调查法、网络调查法等多种方法进行调查。

(2)调查完成后,小组提交一份调查报告。

二、实施过程

(1)3～5人组成一个小组,小组分工写在表1—1中。

表1—1　　　　　　　　　　小组划分及分工情况

小组名称		小组负责人	
负责内容			
小组成员	任务分工		

(2)选择调查方法。

如果选用实地调查法、访谈法和问卷调查法,需事先列好问题提纲。

①_____

②_____

③_____

④_____

⑤_____

⑥_____

⋮

如果选用网络调查法,可先确定在什么平台上进行搜索。

求职平台：_____

企业官网：_____

政府网站：_____

⋮_____

（3）进行调查。

（4）整理调查资料。对收回的调查问卷和获得的文字、图片、视频等资料进行整理。

（5）撰写调查报告。

项目评价单

评价说明：学生在项目理论知识学习和实训过程中，要注意对照评价表来培养自己的会计相关技能和素养。在项目学习结束后，可以开展自评和师评。"自评"为学生对自己技能掌握程度的评价；"师评"为教师对学生在该项目中的学习情况进行评价，由教师填写。最终成绩为：自评（30％）＋师评（70％）。

表 1—2　　　　　　　　　技能评价情况

	序号	评分项目	分值	自评	师评
知识技能掌握情况	1	认识会计技能主要包括哪些内容	20		
	2	了解会计技能的重要性	20		
	3	掌握学好会计技能的方法	20		
项目实训情况	1	分工合理，活动准备工作做得充分	10		
	2	能够积极、认真地参加活动	10		
	3	具备团队精神	10		
	4	调查报告结论清晰，有建设性建议	10		
总分					

项目二
书写技能

学习目标 ▮▮

素质目标

1. 加强学生对会计数字的认知。

2. 培养学生严谨细致、遵规守矩以及团结协作的精神。

知识目标

1. 了解财会数字书写的重要性。

2. 正确、规范书写阿拉伯数字和汉字大写数字，掌握阿拉伯数字、汉字大写数字的正确写法。

3. 熟练掌握金额数字的标准写法，以及阿拉伯数字书写错误的更正方法。

技能目标

1. 能够规范书写阿拉伯数字。

2. 能够规范书写中文大写数字。

3. 能够规范书写金额以及更正书写错误。

案例导入

会计书写技能的重要性

实习生小张上岗第一天,指导老师李萍让他将本周关于存货的记账凭证过账到原材料明细账中。小张在学校学过过账,很自信地开始登记明细账,但没写几个数字就被师傅李萍叫停了,原因是他的数字写得很不规范。小张非常困惑,自己写的数字怎么会不规范呢? 于是,师傅李萍给他展示了之前登记过的明细账,指出正确的数字写法,小张这才明白,自己需要重新学习会计数字书写的规范要求。

任务一　书写阿拉伯数字

【任务描述】

小张看完师傅李萍展示的明细账后,为了正确、规范地完成过账的任务,下定决心重新学习会计数字书写的规范要求。

本任务我们就跟随小张一起学习会计的书写技能。

【任务实施】

会计的书写技能主要包括阿拉伯数字的书写技能、中文大写数字的书写技能、金额的书写技能以及书写错误的更正技能等。

一、规范书写财会数字的重要性

数字是一种用来表示数的书写符号,不同的记数系统可以使用相同的数字。在会计工作中,填写原始凭证和记账凭证、登记账簿和编制报表,都要书写数字,利用数字反映会计核算工作。因此,财会数字书写是否清晰和规范,会直接影响会计核算资料的可靠性及有用性,反映会计工作的质量以及会计人员的素质。

数字书写的基本要求有四个方面:一是位数要准确,能反映经济业务内容的全过程及结果;二是书写要清楚、易于辨认,书写时字迹清楚、条理清晰,无模糊不清现象;三是书写要流畅、整齐,横排和竖排整齐分明,大小均匀,无杂乱无章现象,力求美观;四是书写要力求标准、规范,谨防涂改。会计数字书写时不能占满"行",也不能写满"格",要留出空间,方便纠错更改。书写的数字字形要整洁大方,不可过小、不易辨认,也不能垂直上下、歪斜过度,要符合流利美观。会计人员只有写出符合规定的数字,才能胜任日常会计工作。

知识加油站

阿拉伯数字

阿拉伯数字也称为公用数字,原为印度人创造,8世纪时传入阿拉伯,后又传入欧洲。阿拉伯数字字数少、笔画简单,是世界各国的通用数字。会计记账过程中书写的阿拉伯数字,与数学或汉文字学中的书写方法并不一致。

二、阿拉伯数字的书写要求

阿拉伯数字是目前使用最为广泛的数字,也称为公用数字。在会计记账书写中又称为小写数字,包括 10 个基本数字"1、2、3、4、5、6、7、8、9、0"。正确、规范书写阿拉伯数字对从事会计工作的人员来说,是一项必不可少的基本功。重视会计工作中阿拉伯数字的训练,有助于提高会计核算工作的质量。会计数字书写要做到正确、清晰、整齐、流畅、规范和美观,并符合下列要求:

阿拉伯数字的
书写规范

(一)总体规范要求

(1)阿拉伯数字在书写时,不得连笔写,必须一个一个地写;排列整齐、大小匀称。

(2)上端向右倾斜 60°左右。阿拉伯数字书写不要像文字那样端正,一般要符合手写体的特点,上端向右倾斜 60°左右为宜。

(3)书写的每个数字要贴紧底线,但上不可顶格。高度标准一般要求占凭证横格高度的 1/2 以下,还要注意紧靠横格底线书写,不得写满格,上方留出一定空位,以便需要进行更正时可以再次书写。

(4)会计数码书写时,应从左至右,笔画顺序是自上而下、先左后右,防止写倒笔字。

(5)书写时,同行的相邻数字之间要适当留空,大约是半个阿拉伯数字的位置。

(二)具体数字书写要求

(1)"1"不可写太短,要保持倾斜度,下端紧靠左下角,将账格的下半格占满,防止改为"4、6、7、9"。

(2)"2"书写时应紧贴底线,否则易被改成"3"。

(3)除"4"和"5"以外的数字,必须一笔写成,不能人为地增加数字的笔画。

（4）"6"的上部可以上伸到上半格的 1/4，"7"和"9"的下部可以下伸到下半格的 1/4。

（5）"2、3、5、8"应各自成体，避免混同。

（6）"0"不要写得太小，要写成椭圆形。

三、阿拉伯数字的标准写法示范

阿拉伯数字的书写有印刷体和手写体两种。手写体原本是根据人们的习惯和爱好写出的，后随着经济的发展以及人们对书写阿拉伯数字的总结，逐步形成了一种财会工作通用的字体，形成会计数字的书写格式。

印刷体的参考字体：1 2 3 4 5 6 7 8 9 0

阿拉伯数字标准手写体参考字体见图 2—1。

图 2—1　阿拉伯数字标准手写体

任务二　书写汉字大写数字

【任务描述】

小张认真练习阿拉伯数字的标准书写后感慨道："会计职业对书写有自己的严格要求，需要正确、规范、美观地书写。"小张学会了阿拉伯数字的书写后，他又感到疑惑：汉字大写数字的书写有哪些规范和要求呢？

本任务我们就跟随小张一起学习汉字大写数字的规范和要求。

【任务实施】

在会计工作中，经常要填写发票、支票、进账单、信汇等结算凭证。填写这些凭证时，除了小写数字外，还必须填写大写数字。作为一名会计人员，必须掌握中文大写数字的书写，做到要素齐全、数字正确、字迹清晰、不错漏、不潦草。

一、中文大写数字的要求

会计工作对书写的基本要求是简明扼要、字体规范、字迹清晰、排列整齐、书写流利且字迹美观。在会计工作中，经常要使用汉字大写数

中文大写数字
的书写规范

字,汉字大写数字与我们日常书写习惯基本相同,但仍要符合会计书写规范要求。

(1)汉字大写数字要以正楷或者行书字体书写,不得连笔写。

(2)不允许使用未经国务院公布的简化字或谐音字。大写数字一律用"壹、贰、叁、肆、伍、陆、柒、捌、玖、拾、佰、仟、万、元、角、分、零、整(正)"等,不得用"一、二(两)、三、四、五、六、七、八、九、十、廿、毛、另(或0)"等代替。

(3)字体要各自成形、大小匀称、排列整齐,字迹要工整、清晰。

知识加油站

"整"与"正"

在书写中文大写数字时,常常将"整"字写成"正"字,在中文大写金额数字的书写方面,这两个字的作用是一样的。

二、中文大写数字的写法

中文大写数字的特点是笔画多,写起来费时又费事,但不易涂改。中文大写数字一般用于书写财务方面有关的单据、发票、银行票据、合同以及一切收款、付款、转账等正式凭证。用中文大写数字可以防伪、防弊,不宜篡改。

中文大写数字参考字体如图2—2所示。

图2—2 中文大写数字

阿拉伯数字与中文大写数字的对照如表2—1所示。

表2—1 阿拉伯数字与中文大写数字对照表

阿拉伯数字	1	2	3	4	5	6	7	8	9	0
中文大写数字	壹	贰	叁	肆	伍	陆	柒	捌	玖	零

三、票据出票日期数字的中文写法

书写日期

按照我国《票据法》的规定,票据包括汇票、本票和支票等。汇票包括银行承兑汇票和商业承兑汇票。

票据和结算凭证是银行、单位和个人凭以记载账务的会计凭证,是记载经济业务和明确经济责任的一种书面证明。根据《支付结算办法》规定,票据的出票日期必须使用中文大写。为防止编造票据的出票日期,票据的出票日期必须使用汉字大写,金额栏内必须填写正确。

(1)年:应按阿拉伯数字所对应的数字书写。

(2)月:1月、2月前必须加"零";3至9月前不加"零";10月前应加"零壹";11月、12月前应加"壹"。具体写法如下:

1月:零壹月

2月:零贰月

3月:叁月

4月:肆月

5月:伍月

6月:陆月

7月:柒月

8月:捌月

9月:玖月

10月:零壹拾月

11月:壹拾壹月

12月:壹拾贰月

(3)日:1至9日、10日、20日、30日前应加"零";11至19日前应加"壹"。具体写法如下:

1日、2日、3日……9日:零壹日、零贰日、零叁日……零玖日

10日:零壹拾日

20日:零贰拾日

30日:零叁拾日

11日、12日、13日……19日:壹拾壹日、壹拾贰日、壹拾叁日……壹拾玖日

(4)票据出票日期使用小写填写的,银行不予受理。大写日期未按要求规范填写的,银行可予受理,但由此造成损失的,由出票人自行承担。票据和结算凭证上一旦写错或漏写了数字,必须重新填写单据,不能在原凭证上改写数字,以保证所提供数字真实、准确、及时、完整。票

据和结算凭证上金额、出票日期或者签发日期、收款人名称不得更改，更改的票据一律无效。票据和结算凭证上金额以中文大写和阿拉伯数码同时记载的，两者必须一致；否则票据无效，银行不予受理。

任务三　书写金额

【任务描述】

　　小张学习阿拉伯数字和中文大写数字的标准写法后感慨道：“会计数字的书写不仅要规范、整齐、美观，还要注意数字的防伪、防弊。”那么在实际应用中，金额应该如何书写呢？小张打算进一步学习金额的书写。

　　本任务我们就跟随小张一起学习金额的书写。

书写金额

【任务实施】

　　书写金额主要包括小写金额的书写和中文大写金额的书写。

一、小写金额的书写标准

　　（1）阿拉伯数字金额前必须书写货币币种符号（例如￥、$）。人民币符号“￥”是汉语拼音 yuan 第一个字母 Y 的缩写变形，既代表人民币的币值，又表示人民币“元”的单位。为了区别 Y 与阿拉伯数字之间的误认和误写，在 Y 字上加上两横而写作“￥”，读音仍为“元”。因此，小写金额前填写人民币符号“￥”后，数字后面可不写“元”字。

　　（2）币种符号与阿拉伯数字之间不得留有空白。

　　（3）以元为单位的阿拉伯数字，除表示单价等情况外，一律填写到角、分；无角、分的，角位和分位可以填写 00，或者填写符号“—”；有角无分的，分位应当填写 0，不得用符号“—”代替。

　　（4）只有分位金额的，在元和角位上各写一个 0 字，并在元和角之间写一个小数点，如“￥0.03”。

知识加油站

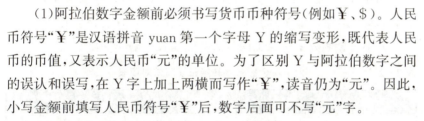

基数词：壹、贰、叁、肆、伍、陆、柒、捌、玖、零

数位词：拾、佰、仟、万、亿

金额单位：元、角、分

常用词：人民币、整

二、中文大写金额的书写标准

(1)大写金额要紧靠"人民币"三字书写,不得留有空白,如果大写数字前没有印好"人民币"字样的,应加填"人民币"三字。

(2)大写金额数字到"元"或"角"的,在"元"或"角"后应写"整"字;大写金额有"分"的,"分"后面不写"整"字。如¥11 000.00,应写为:人民币壹万壹仟元整;¥67 891.80,应写为:人民币陆万柒仟捌佰玖拾壹元捌角整;而¥492.56,应写为:人民币肆佰玖拾贰元伍角陆分。

(3)分位是"0"可不写"零分"字样。如¥1.80,应写为:人民币壹元捌角整。

(4)阿拉伯金额数字中间有"0"时,汉字大写金额要写"零"字。如¥1 608.90,应写为:人民币壹仟陆佰零捌元玖角整。

(5)阿拉伯金额数字元位是"0"的,或者数字中间连续有几个"0",元位也是"0",但角位不是"0"时,汉字大写金额可以只写一个"零"字,也可以不写"零"字。如¥1 580.32,应写为:人民币壹仟伍佰捌拾元零叁角贰分;或者写为:人民币壹仟伍佰捌拾元叁角贰分。

(6)阿拉伯数字角位是"0",而分位不是"0"时,汉字大写金额"元"后面应写"零"字。如¥323.04,应写为:人民币叁佰贰拾叁元零肆分。

大小写金额数字转换正误写法对照如表2—2所示。

表2—2　　　　　大小写金额数字转换正误写法对照表

小写金额	正确写法	错误写法	错误原因
¥217.75	人民币贰佰壹拾柒元柒角伍分	人民币　贰佰壹拾柒元柒角伍分	"人民币"与第一个数字间隔距离较大
¥366.80	人民币叁佰陆拾陆元捌角整	人民币叁佰陆拾陆元捌角	漏写"整"字
¥51 500.80	人民币伍万壹仟伍佰元捌角整	人民币伍万壹仟伍佰捌角整	漏写"元"字
¥1 345.06	人民币壹仟叁佰肆拾伍元零陆分	人民币壹仟叁佰肆拾伍元陆分	漏写"零"字
¥190 000.00	人民币壹拾玖万元整	人民币拾玖万元整	漏写"壹"字
¥60 008.00	人民币陆万零捌元整	人民币陆万另捌元整	将"零"错写成"另"
¥5 260.50	人民币伍仟贰佰陆拾元伍角整	人民币伍仟贰佰陆拾元伍角零分	多写"零分",少写"整"字

学思同行

　　个体户刘某因急需流动资金,向李某借钱并承诺高额利息,为李某书写了借条。借款期限到了,刘某既未归还本金也未支付利息。鉴于此,李某向法院提起诉讼,要求刘某归还借款 315 000 元及利息 55 000 元。刘某到庭后,承认借款一事,但只借了 31 500 元,按约定只归还本金 31 500 元和利息 5 500 元。原来是刘某在情急之下小写金额多写了一个零,但大写金额依然是"叁万壹仟伍佰元"。本案的焦点是借款数额大小写不同,从性质而言,大写金额表达方式更规范、更严谨。经法院调解,李某同意刘某只归还 31 500 元本金和 5 500 元利息。

任务四　更正书写错误

【任务描述】

　　小张在学习会计书写技能后,指导老师李萍让他重新将本周关于存货的记账凭证过账到原材料明细账中。但是在过账的过程中,小张将一个阿拉伯数字填写错误了,这次他主动去请教指导老师该如何更正书写错误的阿拉伯数字。指导老师李萍告诉他,阿拉伯数字书写错误的更正一般采用划线更正法。

　　本任务我们就跟随小张一起学习划线更正法。

【任务实施】

　　会计资料书写错误的更正一般应采用划线更正法。

一、阿拉伯数字书写错误的更正

　　在填制凭证和登记账簿等会计工作中,如果阿拉伯数字书写错误,切忌刮擦、挖补或使用涂改液,所以一定要认真、仔细、严谨,多看几遍,每一个数字都要确保正确,不可马虎大意。一个数字写错了,涉及很多数字要调整,所以认真、仔细、严谨的工作态度是非常必要的。另外,重要的会计资料是不允许写错的,一旦写错,就要作废。那么,如果发生了写错,就要严格按照正确的改错方法进行改错。按照要求,一般采用划线更正法进行更正。

更正书写错误

二、阿拉伯数字书写错误的更正示范

划线更正法改错程序和要求如下：

先用红笔在错误的全部数据上画一条单红线（红线不能过粗，要能看到被划掉的原数据），然后在错误的数据上面用蓝色或黑色笔书写全部正确的数据。注意，一定要是一个完整的数字，不能只改一半，更不准在原数字上涂改其中的一个字码，以免混淆不清。只要部分数字写错（哪怕只有一个字码），也要把全部数字画线勾掉并更正，并由经办人在更正的数据后面加盖印章，以明确责任。一个结果最多只能修改两次。

划线更正法的对错示范如图 2—3 所示。

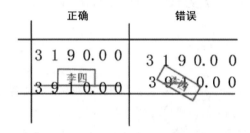

图 2—3　划线更正法示范图

三、中文大写数字错误的订正方法

中文大写数字写错或发现漏记，不能涂改，也不能用"划线更正法"，必须重新填写凭证。

为了规范原始凭证的内容，明确相关人员的经济责任，防止利用原始凭证进行舞弊，修订后的《会计法》第十四条第四款增加了对原始凭证错误更正的规定：一是原始凭证记载的各项内容均不得涂改，随意涂改原始凭证即为无效凭证，不能作为填制记账凭证或登记会计账簿的依据。二是原始凭证所记载的内容有错误的，应当由出具单位重开或者更正。更正工作必须由原始凭证出具单位进行，并应当在更正处加盖出具单位印章；重新开具原始凭证也应当由原始凭证出具单位进行。三是原始凭证金额有错误的不得更正，只能由原始凭证出具单位重开。因为原始凭证上的金额是反映经济业务事项情况的最重要数据，如果允许随便更改，容易产生舞弊，不利于保证原始凭证的质量。单据上大写处的金额，必须与小写金额保持一致。

实训演练

一、中文大写数字的书写

(一)实训目的

掌握中文大写数字的标准写法,做到书写规范、清晰、流畅。

(二)实训要求

按照标准写法进行书写练习,直至书写规范、流畅。

(三)实训过程

每天练习中文大写数字一张,如表2-3所示。

表 2-3　　　　　　　　　中文大写数字练习

零									
壹									
贰									
叁									
肆									
伍									
陆									
柒									
捌									
玖									
拾									
佰									
仟									
万									
亿									
元									
角									
分									
整									

二、汉字大写金额和小写金额的书写

(一)实训目的

掌握汉字大写金额和小写金额的标准写法,做到书写规范、正确。

(二)实训要求

按照标准写法进行书写练习,直至能正确写出汉字大写金额和小写金额。

(三)实训过程

练习汉字大写金额和小写金额的写法。

(1)￥300.15 　　　　　　　　　　大写金额:

(2)￥56 260.28 　　　　　　　　　大写金额:

(3)￥0.68 　　　　　　　　　　　　大写金额:

(4)￥3 000.00 　　　　　　　　　　大写金额:

(5)￥3 000 750.22 　　　　　　　　大写金额:

(6)人民币壹拾万元整 　　　　　　小写金额:

(7)人民币柒仟陆佰零伍元叁角整 　小写金额:

(8)人民币陆角肆分 　　　　　　　　小写金额:

(9)人民币叁佰柒拾伍万零贰元玖角叁分 　小写金额:

(10)人民币壹拾柒元整 　　　　　　小写金额:

项目三
点钞技能

学习目标 ▮

素质目标

1. 了解点钞的基本知识，点钞、记数、捆钞的方法，以及关键动作要领技巧。
2. 培养学生严谨细致、认真团结的精神。

知识目标

1. 了解点钞的基本环节和要求。
2. 掌握手工点钞的基本要领和环节、多种点钞方式的运用及硬币整点的方式。
3. 掌握机器点钞的方法并能排除点钞机的简单故障。

技能目标

1. 能够运用正确的方法快速、准确地点钞。
2. 能够快速扎把、盖章。
3. 能够熟练运用机器点钞。

案例导入

"练功券"诈骗

2020年10月,珠海市公安局接到澳门警方通报,有澳门与内地犯罪团伙相互勾结,专门针对在澳门赌场需要兑换港币的人员实施"练功券"诈骗活动。犯罪团伙通过多个微信群招聘临时务工人员,让临时务工人员从内地携带事先准备好的"练功券"入境澳门,与需要兑换港币的当事人进行交换,在当事人向指定账号转账后,立即拉黑临时务工人员。

接报后,珠海市公安局立即成立专案组,全力开展侦查工作。经缜密侦查,快速查明了"练功券"跨境诈骗团伙3个,且该3个犯罪团伙之间有关联,部分犯罪团伙成员之间相互交叉作案,作案手法与电信诈骗案件高度相似。

经深度研判分析,警方全面摸清了其组织架构,精准锁定了其在江苏盐城和无锡、浙江台州、山东临沂和潍坊等地的活动轨迹。

2021年3月25日,珠海、澳门警方专案组研判认为收网时机已成熟,决定同步开展收网行动。行动中,珠海警方在浙江台州抓获戴某法等4名犯罪嫌疑人,在江苏盐城抓获刘某辉等2名犯罪嫌疑人,在山东潍坊抓获于某彬等5名犯罪嫌疑人,在山东临沂抓获韦某等8名犯罪嫌疑人,在广东中山坦洲抓获陈某佑等2名犯罪嫌疑人;澳门警方在澳门抓获涉案嫌疑人员22人,缴获"练功券"、银行卡、手机等作案工具一大批。

阅读完以上的新闻,小张深感要想从事会计、财务、金融、出纳等工作,掌握好验钞和点钞是必不可少的基本技能。

任务一　认识点钞

【任务描述】

小张是一家生活超市的收银员,每到周末和节假日,生意特别火爆,收银台前总是排起长长的队伍,小张忙得晕头转向,但顾客还是不满意,总抱怨她收款太慢,小张非常着急,暗下决心,一定要掌握点钞技能,提高收款速度,成为一名合格的收银员。

【任务实施】

要想掌握点钞技能,首先应熟悉点钞的基本环节和基本要求,下面

认识点钞

我们跟随小张一起了解一下点钞的基本知识。

一、点钞的分类

点钞是指按照一定的方法查清票币的数额,即整理、清点钞票的工作,在银行泛指清点各种票币,又称票币整点。现在,不仅金融系统,其他部门的现金流量也很大。对于前台柜员以及出纳人员来说,清点钞票是一项经常的、大量的、技术性很强的工作,并且对于为社会经济提供信用中介、支付中介以及各项金融服务的银行来说尤其重要。点钞速度的快慢、技术水平的高低,将直接影响工作的效率和质量。因此,点钞技术是收银员、金融部门前台柜员和企业出纳员以及家庭的必备技能之一,点钞技术的质量和效率是考核收银员、金融部门前台柜员和企业出纳员业务素质的重要指标。达到迅速、准确地整点票币并能鉴别票币真假,掌握过硬的点钞技能,是每个收银员和出纳员必须具备的业务素质。

点钞包括整点纸币和清点硬币。点钞方法有很多,概括而言,可以划分为手工点钞和机器点钞两大类。对于手工点钞,根据持票姿势不同,又可划分为手按式点钞方法和手持式点钞方法。手按式点钞方法,是将钞票放在台面上操作,主要有单指单张、多指多张两种方法;手持式点钞方法是在手按式点钞方法的基础上发展而来的,其速度远比手按式点钞方法快,因此,手持式点钞方法在全国各地应用比较普遍。手持式点钞方法根据指法不同,又可分为单指单张、单指多张、多指多张、扇面式点钞四种方法。单指单张和多指多张点钞法是教育部全国会计技能竞赛项目。手工清点硬币的方法也是一种手工点钞法。在没有工具之前,硬币全部用手工清点,这是清点硬币的一种基本方法,它不受客观条件的限制,只要熟练掌握,在工作中与工具清点速度相差不大。

二、点钞的基本程序

点钞是从拆把开始到扎把结束的一个连续、完整的过程,要加快点钞速度、提高点钞水平,必须把各个环节的工作做好。点钞一般包括拆把—手工清点、机器清点—墩齐—扎把—盖章—封捆—计算总金额等相关环节。

(1)拆把。一般由左手拿起待点的成把钞票,然后把捆钞条拆掉,或把捆钞条退至钞票下方约1/3处,同时持钞做好点数的准备。需要注意的是,在款项没有清点完毕之前,捆钞条不能丢掉。

(2)清点。要求手中点钞、脑中记数;机器清点、眼睛挑残。

(3)整理(墩齐)。对点好的每叠百张钞票(或不足百张的尾款),有折叠的钞票应抚平,并将钞票上下、左右墩齐。

(4)扎把。用捆钞条扎紧,不足百张的,在捆钞条上写出实点数。

(5)盖章。在扎好的捆钞条上加盖经办人员名章,以明确职责。

(6)封捆。将已扎紧的10把钞票(1把为同一面额100张)用绳子打成一捆,并贴上封签。

(7)计算总金额。将所清点的全部钞票按面值和张数计算总金额。

知识加油站

出纳人员在办理现金收付业务时,一般应按下列程序办理:审查现金收、付凭证及其所附的原始凭证,检查应填项目是否填写齐全、清楚,两者内容是否一致;依据现金收、付凭证的金额,先点大额票面金额,再点小额票面金额;在点数的过程中,一般应边点数,边在算盘或计算器上加计金额,点数完毕,算盘或计算器上的数字应与应点数额及现金收、付凭证上的金额相一致。需要注意的是:在点数过程中,对于成捆、成把现钞上原有的封签、封条和封纸,应暂时保存,点数无误后方可扔掉;点数无误后,办理具体的现金收、付业务。

三、点钞的基本要求

(一)点钞操作姿势

身坐正,腰挺直,身体距桌面大致一拳之隔。两臂平放桌面,手持钞券的左手腕部接触桌面,钞券垂直放在桌面上,并稍向桌面倾斜,以便下张快,提高速度。手持的钞券距桌边10~20厘米。两脚平放地面,眼、脑、手协调配合,活动轻松,持久自如,不得跷二郎腿或趴到桌子上,严禁嬉笑打闹。

(二)点钞用品简介

用品包括钞币、挡板、蘸水缸或甘油、海绵池、名章、捆钞条等,在清点钞券的过程中,为了提高速度和准确率,将用品按使用顺序固定位置放好,方便辅助清点。

(1)挡板。即平时用的书立,用来支撑立放的钞券,防止钞券倒塌。

(2)甘油。滴在海绵池中,用来提高点钞的速度和准确率。

(3)海绵池。塑料制品,将甘油滴在海绵上,用于点钞前和点钞过程中。

(4)名章。是点钞操作人员姓名的章,竞赛规格统一采用原子章

"万次章"。

(5)捆钞条。也称扎把条,是将钞券捆扎成整把的棉纸条,柔韧度好。

(三)点钞票币整理

清点钞票前,首先应整理钞票,要求边角无折、同券一起、券面向上。由于企业或银行收进的钞票中可能会有破损、弯折,所以在清点钞票之前,要将某些破裂、质软和不符合要求的钞票挑拣出来,对弯折、折角、揉搓过的钞票要整直、抹平。这样处理之后,每张钞票都清理得整齐、平直了。不同面额的钞票要分开放置,钞票的正面一律向上,再将100张同面额的钞票扎成一把。对于不足百张的同面额钞票,应以10张为单位起"沓",每10张为"一沓",即用1张钞票拦腰包住其余9张钞票。对于成"沓"的钞票,应用捆钞条捆扎好并将实际金额写在纸条上;对于不成沓的各券别零散张数,应用另一捆钞条捆扎好并将实际金额写在纸条上。整齐、平直的钞票有利于点钞的正确性,这是点准钞票的前提。

(四)点钞指法规范

指法规范既可提高清点的准确率,又可提高清点速度。切不可用手指在舌头上蘸取唾液,应养成良好的点钞卫生习惯。点钞过程中的各个环节(拆把、清点、整理、扎把、盖章)必须密切配合、环环相扣,清点过程中,双手动作要求协调流畅、娴熟规范,速度均匀且避免不必要的小动作。

(五)清点准确

点钞是一项心手合一,手、眼、脑高度配合且协调一致的严谨工作,清点准确是点钞的关键,也是点钞最重要的环节,是对点钞技术的基本要求。为保证清点的准确性,就需要在点数前做好思想准备、款项准备和工具准备,清点时要求做到以下几点:

(1)精神集中、全神贯注。

(2)坚持定型操作,机器复核,去伪存真、剔除残币。

(3)双手点钞,眼睛看钞,脑子记数,手、眼、脑高度配合。

(六)捆扎合格

将清点完的每百张钞票捆扎为一把,每十把捆为一捆(百张一把,十把一捆),要做到以下要求:

(1)卷角拉平、四边水平、钞票墩齐。钞票墩齐的标准是:四条边水平,卷角要拉平,不露头或呈梯形错开,即前、后、左、右四面的钞票不得突出超过0.5厘米。

27

（2）两绕捆钞条重叠捆于钞票中央位置,折角在钞票正面。

（3）一把钞票以任意一张不被抽出为合格。

（4）按"井"字形捆扎的大捆,以用力推不变形、抽不出任何一把为合格标准。

（七）记数盖章

点钞员清点钞票后均要记数盖章,捆钞条上的名章是分清责任的标记,名章要清晰可辨。名章一般盖在缠绕钞票侧面的捆钞条上。

（八）快速整洁

快速要求在清点准确的基础上提高清点和捆扎速度;整洁是指桌面物品摆放有序、干净整齐,如将待点的钞票放置在桌面左侧,钞票扎把盖章后整齐码放于桌面右侧。

金融柜面人员及企业出纳只有做到点钞的上述基本要求,才能在办理现金的收付与整点时做到准、快、好。

知识加油站

整理的具体要求

平铺整齐,边角无折。同券一起,不能混淆。

券面同向,不能颠倒。验查真伪,去伪存真。

剔除残币,完残分放。百张一把,十把一捆。

扎把捆捆,经办盖章。清点结账,复核入库。

任务二　手工点钞

【任务描述】

小丽是2022级财经专业的学生,今天学院组织学生到现场观看点钞大赛,大赛上各种手法的点钞方法都有,同学们大开眼界,小丽心想:原来点钞方式有这么多,我可以学啦! 老师看着同学们惊呆的样子,就告诉大家:"手工点钞根据指法不同,可以分为手持式点钞方法和手按式点钞方法……"

【任务实施】

手工点钞根据指法不同,可以分为手按式点钞和手持式点钞,下面我们跟随小丽一起学习具体的点钞方法。

一、手按式点钞法

手按式点钞法是一种应用较广的点钞方法,可分为单指单张和多指多张(双指双张、三指三张和四指四张)。

(一)手按式单指单张点钞法

手按式单指单张点钞法适用于收付款和整点各种新旧大小钞票,尤其适用于不足 100 张零票的整点。由于使用这种点钞方法看到的票面较大,便于挑剔损伤券,因此,在整点辅币及残破券多的钞票时,常用此法。操作要领如下:

1. 放票

把钞票横放在桌面上,并正面对着身体,用左手小指与无名指按住钞票的左上角 1/3～1/2 处并压紧钞纸,右手拇指托起右下角的部分钞票。

2. 点钞

用右手食指捻动钞票,其余手指自然弯曲,每捻起一张,左手拇指便向上推动,送到左手食指与中指之间夹住,这样就完成了一次点钞动作。如此反复,至点完为止。值得注意的是,在采用这种方法点钞时,右手拇指托起的钞票不要太多,也不能太少,否则都会影响清点速度,一般 25～30 张为宜。

3. 记数

点一张,默记一张,记法为:1,2,3,4,5,6,7,8,9,1(10)。

(二)手按式多指多张点钞法

这种点钞法与手按式单指单张点钞法的步骤相同,所不同的是参与捻动纸钞的手指与记数的操作方法,常见的包括双指双张、三指三张和四指四张点钞法。这种方法主要适用于收付款和整点多种新旧主币与角币,优点在于速度快,但由于除了第一张外,其余各张所能看到的票面较少,不宜点残破券多的钞票。

实际工作中,比较常采用的是三指三张和四指四张点钞法,下面介绍手按式三指三张和四指四张点钞法的点钞过程与记数方法(双指双张点钞法参与捻动纸钞的是食指和中指,而记数则是 2 张为 1 组,共计 50 组)。其操作过程如下:

1. 放票

把钞票横放在桌面上,并正面对着身体,用左手小指与无名指按住钞票的左上角 1/3～1/2 处并压紧钞纸,右手拇指托起右下角的部分钞票。

2. 点钞

三指三张点钞是用右手无名指先捻动第一张,随即以中指、食指依次各捻起一张。四指四张点钞是先用小指捻起第一张,随后无名指、中指、食指依次各捻起一张。捻起的三张(或四张)钞票用左手拇指向上推送到左手的食指与中指之间卡住,点数时注意手指不宜抬得过高。

3. 记数

采用分组记数法,三张点钞以每三张为一组,数到 33 组后剩一张,就是 100 张。四张点钞以每四张为一组,数到 25 组就是 100 张。

二、手持式点钞法

手持式点钞法主要可分为单指单张、单指多张、多指多张及扇面式点钞。

手持式单指单张点钞法

(一)手持式单指单张点钞法

手持式单指单张点钞法是一种使用范围较广的点钞方法,可用于收付款和整点各种新旧大小钞票。使用这种点钞技术,由于持票所占的票面小,能看到票面的 3/4,所以较容易发现残缺券及假票。单指单张点钞技术的优点是速度快,手持钞票所占的票面小,清点时可视票面面积大,容易发现假币,容易挑剔残损钞票,对票面没有特殊要求,新钞、旧钞、大钞、小钞均可采用。缺点是逐张清点,点一张记一个数比较费力,初学时捻张的弹拨不容易协调,记数时容易出错。其操作要领如下:

1. 持钞

(1)双手起钞

钞券横放,左手的中指、无名指弯向手心夹住钞券左端;食指伸直支撑背面,拇指放在正面 1/2 处,钞券正面向下。右手拇指在钞券正面右上角,其余四指在后。右手将钞券向背面后推,压成弓形,两手配合捻动形成扇面。钞券自然直立桌面,垂直略向桌面倾斜,做好点钞的准备。

(2)单手起钞

钞券横放,左手的中指、无名指弯向手心夹住钞券左端;食指伸直支撑背面,拇指放在正面 1/2 处,钞券正面向下。左手拇指按压侧面的棱,同时向上移动,借助桌面摩擦,顺势将钞券向上向背面翻推,压成弓形,形成微扇面。钞券自然直立桌面,垂直略向桌面倾斜,做好点钞的准备。

2. 拆把

拆把的方法有两种：

(1)初点拆小把

持把时左手拇指在钞票正面的左端,约在票面的 1/4 处,食指和中指在钞票背面与拇指一起捏住钞票,无名指和小指自然弯曲;捏起钞票后,无名指和小指伸向票前压住钞票的左下方,中指弯曲稍用力,与无名指和小指夹住钞票;食指伸直,拇指向上移动,按住钞票的侧面将钞票压成瓦形,并使左手手心向下,然后用右手脱去钞票上的捆钞条。同时左手将钞票往桌面上轻轻摩擦,拇指借用桌面的摩擦力将钞票向上翻成扇形票面。右手的拇指、食指、中指蘸水做好点钞准备。从上面可以看出,这种拆把方法不撕断纸条,便于保留原纸条查看图章。这种拆把方法通常用于初点现金。

(2)复点拆小把

钞票横执,正面朝着身体,用左手的中指和无名指夹住票面的左上角,拇指按住钞票上边侧边,食指伸直,中指稍用力,把钞票放在桌面上,并使左端翘起呈瓦形,然后用左手食指向前伸,钩断捆钞条并抬起食指使捆钞条自然落到桌面上,左手拇指翻起钞票同时用力向外推使钞票成扇面,右手拇指、食指、中指蘸水做好点钞准备。这种方法的特点是左右手可同时操作,拆把速度快,但捆钞条钩断后不能再使用。这种拆把方法通常用于复点现金。

拆把过程中的持钞方法除了上面介绍的以外,还可以用另一种方法,即钞票横执,钞票的反面朝着身体,用左手中指和无名指夹住钞票的左端中间,食指和中指在前面,中指弯曲,食指伸直,无名指和小指放在钞票后面并自然弯曲。左手拇指在钞票下边沿后侧约占票面的 1/3 处用力将钞票向上翻起呈瓦形,使钞票正面朝向身体,并用拇指捏住钞票里侧边缘向外推,食指协助拇指,使钞票打开呈微扇形。拆把的方法与上面介绍的两种方法相同。

3. 清点

右手拇指放在右上角,食指和中指平行托住右上角的背面,保持位置固定,用拇指尖(或拇指侧面向下拨)逐张向下捻动钞券,拇指捻一张,无名指弹一张,连续操作,直到点完。拇指将钞券捻开,下钞主要靠无名指弹拨,轻点快弹,自然落下,点钞的力度"三分捻,七分弹",练习手感。拇指切忌抬得过高。左手拇指在清点过程中逐步后移。

知识加油站

清点时,左手拇指要轻按票面,不要与食指用力捏住钞券,推出的小扇面每张间距要均匀。左手持钞时,中指、无名指、小指要自然弯曲,紧扣票面,以防票币随着捻动而散把。清点时,右手拇指捻动每一张的位置应该相同,接触面越小,速度越快。点钞时,要手、眼、脑高度配合,精力高度集中。

4. 挑出残破票

点钞过程中发现的残破票,左手中指、无名指放松,右手中指、无名指夹住残破票补上好票。也可在点钞过程中用右手的中指和无名指将该券折向右边外侧,待点完后再抽出补上。

5. 记数

点钞的记数
方法

记数也是点钞的基本环节,与清点相辅相成。在清点准确的基础上,必须做到记数准确。记数时可以选择在拇指捻张时记数,也可以选择在无名指弹拨时记数。

单指单张记数时,10 以上就会出现双数,记起来很费力,还会出现记数跟不上手指动作的情况,为配合手指的快速运动,记数时多采用分组记数的方法。通常以 10 为一组,可选择以下两种方法:

(1)首数变动法

第一个数字代表十位,不断变化,将十位数字变为个位数,省力易记。

0 2 3 4 5 6 7 8 9 10

1 2 3 4 5 6 7 8 9 10

2 2 3 4 5 6 7 8 9 10

3 2 3 4 5 6 7 8 9 10

以此类推,一直到 9 2 3 4 5 6 7 8 9 10。

(2)双倍数字法

01 02 03 04 05 06 07 08 09 10

11 12 13 14 15 16 17 18 19 20

21 22 23 24 25 26 27 28 29 30

31 32 33 34 35 36 37 38 39 40

以此类推,每一记数乘以 2 就是正确数字,逢单数加 1 即可。

例如,边点边记数,数到 21 刚好结束,就是 42 张,如果数到 21 还余 1 张,就是 43 张。记数时,注意力要集中,嘴不能出声,也不能有读数的口型。

6. 墩齐

钞票每点完 100 张,左手拇指与食指、中指之间捏住钞票,无名指、小指伸向钞票的前面,使钞票横放在桌面上,左右手送拢墩齐,使钞票两端整齐,然后左手持票做扎把准备。

知识加油站

手持式单指单张操作时,扇面均匀,扇面的宽度要适宜,右手拇指捻钞下拉幅度要小。掌握方法时,做到"择一而精"。右手拇指不能抬离票面,每一张捻动的位置应该相同,拇指接触票面的面积越小,速度越快;点钞时,票币的左下角要求在同一点上,左手的中指、无名指紧扣票币,以防票币随着捻动而散把;持钞时,左手拇指轻按票面左边缘,避免与食指一起用力捏拿钞票,推出的小扇面每张距离应均匀;点钞时,需要手、眼、脑的高度配合,精力要集中。

(二)手持式多指多张点钞法

1. 单指多张(实用型)

点钞时,一指同时点两张或两张以上的方法叫单指多张点钞法。它适用于收款、付款和各种券别的整点工作。

(1)单指多张的具体操作方法

①持票:与单指单张点钞持票方法相同。

②清点:右手食指放在钞票背面右上角,拇指肚放在正面右上角,拇指尖超出票面,用拇指肚先捻钞,无名指把捻开的钞票弹开。单指双张点钞法,拇指肚先捻第一张,拇指尖捻第二张。单指多张点钞法,拇指用力要均衡,捻的幅度不要太大,食指、中指在票后面配合捻动,拇指捻张,无名指向怀里弹。在右手拇指往下捻动的同时,左手拇指稍抬,使票面拱起,从侧边分层错开,便于看清张数,左手拇指往下拨钞票,右手拇指抬起来让钞票下落,左手拇指在拨钞的同时下按其余钞票,左右两手拇指一起一落协调动作,如此循环,直至点完。

③记数:采用分组记数法。如点双数,两张为一组记一个数,50 组数到 50 就是 100 张(即一把)。

(2)单指多张点钞法的优缺点

优点:点钞时记数简单省力,效率高。

缺点:在一指捻几张时,由于不能看到中间几张的全部票面,所以假钞和残破钞票不易发现。

手持式多指
多张点钞法

2. 多指多张(竞赛型)

多指多张点钞法,是指点钞时用小指、无名指、中指、食指依次捻下一张钞票,一次清点四张钞票的方法,也叫四指四张点钞法。这种点钞法适用于收款、付款和整点工作。

(1)多指多张的具体操作方法

①持票:用左手持钞,中指在前,食指、无名指、小指在后,将钞票夹紧,四指同时弯曲将钞票轻压成瓦形,拇指在钞票的左上角,将钞票推成小扇面,然后手腕向里转,使钞票的右里角抬起,右手五指准备清点。

②清点:右手腕抬起,拇指贴在钞票的右上角扇面下,其余四指同时弯曲并拢,从小指开始每指捻动一张钞票,依次下滑四个手指,每一次下滑动作捻下四张钞票,循环操作,直至点完 100 张。

③记数:采用分组记数法。每次点四张为一组,记数为 1,记满 25 组(次)即为 100 张。

(2)多指多张点钞法的优点

不仅省力、省脑,而且效率高,能够逐张识别假钞和挑剔残破钞票。

3. 扇面式点钞法

扇面式点钞,是一种工作效率较高的点钞技术,最适用于整点及复点工作。点钞时,双手完全离开桌面,操作轻松自如。但由于这种点钞方法在清点时只能看到票边,看不到票面,因此不便挑出残破券和鉴别真假票,不适用于整点新、旧、破混合的钞票。其操作过程如下:

(1)持币

票币竖拿,正面朝内,左手拇指在前,食指、中指在后,握住票币下端的中心,无名指、小指放松,自然放在钞票后面;右手拇指放在票币右侧边的 1/3 处,其余四指托在钞票的后面。

(2)打扇面

打扇面时,以左手拇指、食指、中指的持币点为轴,右手拇指向左侧推票币的右边,同时食指、中指在票币的后面,将票币的右侧向左下方压。压出一个弧时,食指、中指由后向前,向右侧推拉票币的背面,使票币左右边缘稍错开。

(3)记数

记数时,注意手眼的配合,用分组记数法,按五张或十张为一组,每一组记一个数,记满 20 组或 10 组为 100 张。

(4)记数指法

①一指记数:右手轻轻托住票币的背面,眼睛看准张数,拇指指肚卡数票币并下压。食指迅速前移卡住已点过的票币,拇指回位继续向

下点数票币。如此往返运动,将票币点完。

②二指记数:右手轻轻托住票币的背面,眼睛看准张数,先用拇指指肚向下卡数票币的前五张,拇指完成卡数的同时,食指卡数后五张。如此往返运动,将票币点完。

任务三　机器点钞

【任务描述】

随着市场经济的发展,为了将出纳员从繁忙的手工点钞中解放出来,机器点钞应运而生。点钞机的速度较快,一般是手工点钞的2～3倍,能够有效减轻收银人员的工作量,提高工作效率。生活超市的店长李老板看到超市人流量大时,仅靠小张手工点钞速度还是比较慢,为了提高工作效率,李老板决定购进一台点钞机。

【任务实施】

使用机器点钞要求收银人员了解点钞机的具体操作,接下来让我们跟随小张一起学习如何使用点钞机进行机器点钞吧。

机器点钞,就是用点钞机代替部分手工操作点钞的方式,一般是手工点钞速度的2～3倍。机器点钞是财富的保证、安全的卫士,操作简便、速度快,现在市面上流行较多的为智能点钞机,在清点钞票的过程中,通过电子计数器反映张数,进行整点。轻松检测,识别残缺,辨别真伪,报警提示,具有验钞功能,提高工作效率,减轻劳动强度。但点钞机存在较大的局限性,因此,机器点钞一般用于票币的复点。

一、点钞机的常识

点钞机是集计数和辨伪钞票于一体的机器。由于现金流通规模庞大,银行出纳柜台现金处理工作繁重,点钞机已成为不可缺少的设备。随着印刷技术、复印技术和电子扫描技术的发展,伪钞制造水平越来越高,必须不断提高点钞机的辨伪性能。

日常使用的多数是卧式点钞机。卧式点钞机结构合理、精密度高,从外观看主要由下钞板、预置功能显示窗、捻钞轮、接钞台和电源开关等组成。卧式点钞机具有磁检数码、紫光自动防伪检测票证、自动清零、预置、洗尘杀菌、自动点钞等功能,点钞机如图3—1所示。

图 3—1　点钞机

(一)点钞机的结构

1. 捻钞部分

捻钞主要由滑钞板、送钞舌、阻力橡皮、落钞板、调节螺丝、捻钞胶圈等组成。将要清点的钞票逐张捻出是保证计数准确的前提。其作用是捻钞胶圈捻走处于表面的一张钞票,下面的钞票被阻力橡皮粘住,使表面的钞票与下面的钞票分开,实现分张。这个过程不断重复进行,直到捻完最后一张钞票为止。

由于更换麻烦,捻钞胶圈和阻力橡皮的磨损一直是困扰人们的两大难题,要解决这个问题:第一是提高使用寿命,第二是使更换更加方便。对于捻钞胶圈,可采用加大外径,在外圆中间开一圈凹槽,以提高捻钞胶圈的耐磨性,并将胶圈轴向截面改为锯齿形,使胶圈齿面相对钞票的接触面加大,从而提高胶圈齿面对钞票的附着力。对于阻力橡皮,比较简单的方法是采用阻力橡皮快换结构,用手压下滑钞板的后端,可很方便地取出阻力橡皮进行更换。

2. 出钞部分

出钞主要由出钞胶轮、出钞对转轮组成。其作用是出钞胶圈以捻钞胶圈 2 倍的线速度把连续送过来先到的钞票与后面的钞票有效地分开,送往计数器与检测传感器进行计数和辨伪。

3. 接钞部分

接钞主要由接钞爪轮、托钞板、挡钞板等组成。点验后的钞票一张张分别卡入接钞爪轮的不同爪,由托钞板将钞票取下并堆放整齐。飞钞现象在点钞机中比较常见,要解决这个问题,必须注意 3 个方面:一是接钞叶轮中心位置;二是叶爪形状;三是叶轮转速。

接钞叶轮中心位置:接钞叶轮中心应尽量靠近出钞轴,当钞票离开出钞胶圈时,必须尽量卡入叶爪的深部,这样就能保证钞票不会因为卡入过浅而飞钞。

叶爪形状:曲线应使钞票插入后有一个弯曲变形,钞票变形越大,则越不易脱出。

叶轮转速:叶轮转速越快,则越易飞钞,但太慢的话钞票会撞击叶爪底部。叶轮转速与点钞速度和叶爪数量有关。

4. 传动部分

传动部分可采用单电机或双电机驱动,由电动机通过传动带、传动轮将动力输送给各传动轴。采用双电机驱动易于实现预置数功能。电机可采用交流或直流电机,由于电机和变压器的质量较大,如采用直流电机配合开关电源,可大大减轻整机质量。

5. 机架组件

实践证明,采用冲压力边板效果较好。采用这种设计的好处在于,机架的左、右边板中相对精度较高的部分可以采用同一模具一次加工完成,从而提高了机架的装配精度,降低了成本,也为运动中的钞票得到有效识别提供了所需的定位精度。

6. 电子电路部分

电子电路由主控部分、传感器部件、驱灯组件、电源板等组成一个单片机控制的系统,通过多个接口把紫外光、磁性、红外穿透、计数信号引入主控器。把正常钞票在正常清点中各传感器接收到的信号进行统计取样、识别,并寄存起来,作为检测的依据。当清点纸币时,把在各通道接口接收到的信号参数与原寄存起来的信号参数进行比较、判断,若有明显差异时,立即送出报警信号并截停电机,同时送出对应的信号提示。

(二)点钞机的功能分类

根据点钞机的功能,可分为全智能型点钞机、半智能型点钞机。全智能型点钞机可抓 1/4 假钞,半智能型点钞机却不能。

1. 全智能型点钞机

这种机型功能齐全,适合钱流量大,平均每天可点十万张以上,特别突出有两点:首先,有金额累加功能;其次,有自动面额显示功能。能区分各种不同面额,同时机器具有提示功能。

2. 半智能型点钞机

半智能型点钞机功能比较齐全,适合钱流量一般,平均每天可点几万到十万张左右。第四套人民币的 100 元和 50 元同时过机时不能分辨出来,即第四套人民币 100 元和 50 元能混过,不能停机提示,只能识别其真假,其识别真假的能力为全智能型点钞机的一半,只能区分第五套人民币的不同面额。

(三)点钞机功能键操作说明

1. 智能鉴伪

具有荧光、磁性、安全线、数码等辨别不同面额纸币的防伪功能。

2. 自动清零

清点完毕,进行下一次清点时,按此键清零,记数从零开始。

3. 混点累加

按"累加键",显示多次清点纸币张数的总和。不同面额的人民币进行混合清点,在"合计金额"上进行"累加"操作,显示张数与金额总数。

4. 智能分版

能清分出第五套人民币不同面值的夹张币。

5. 预置

按"预置键",预置窗口显示 100、50、20、10 等,按"+""-"键,预置数任意选择,可取消。

二、点钞机的维护保养与故障排除

(一)点钞机的维护保养

在使用点钞机过程中,要注意维护保养。点钞机应该放在通风的室内操作,避免强光的照射和强磁场的干扰;使用电源电压必须在 220V±10% 范围之内;电源插头一定要接在有安全地线的电源插座上;每周要清扫一次紫外线光管、鉴伪探头和计数探头上的灰尘。

(二)点钞机的故障排除

如果出现以下情况,可以自行维修排除故障:开机后显示窗无显示的,多数与电源有关,检查电源插座是否有电。点钞机出现记数不准怎么办? 首先检查计数探头是不是有灰尘,若有,可以打开点钞机的盖板,用软毛刷清扫一下灰尘。如果清理后还不正常的话,再看一下是不是捻钞轮与阻力片之间的摩擦不够,顺时针方向旋转调节垂直螺丝,增加摩擦力。开机后有故障提示符号的,可以根据说明书对照相应的提示符号解决相应故障。出钞堵塞怎么办? 一般情况下,清点的钞票中若潮湿或有破损和残票,剔除残票后重新清点。开机后计数屏显示"0",不计数怎么办? 可以看一看是不是计数探头对光不正,调节两个计数探头之间的位置,使它们的光束轴线上下对准。

点钞机的基本
操作流程

三、点钞机的基本操作流程

(一)机器点钞的程序

1. 持钞

右手拇指在钞票下侧,食指在钞票中心,中指、无名指、小指在外面,捏住钞票。

2. 拆把

右手食指将钞票中心向外推,拇指与中指、无名指、小指同时将钞票横捏成半弧形,左手将纸条抽去,右手拇指与食指夹住钞票的上侧边,松开中指、无名指、小指,这时钞票下侧弹回原处,自然形成斜坡形,放入托钞板,便于下钞流畅。

3. 点数

将折成坡形的钞票轻轻放在托钞板上,不要用力,捻钞轮迅速将钞票捻下,随着捻钞的进度,托钞板上的钞票自然下滑,这时不要用手推。在下钞的同时,眼睛要注意观察传送带的左上角,看钞票是否夹有其他票券、残损券、假钞等,用眼睛的余光观察数码管显示情况。在清点过程中,要根据票面的大小,将整钞盒调整到适当位置,以便把钞票拍打整齐。

4. 记数

机器点钞记数是靠钞票经过光电管和电珠之间时通过光的遮蔽次数来反映的。当托钞板上和传送带上的钞票下张完毕时,要查看数码管的数字是否反映为"100",若是100,即为100张。如果反映的是其他数字,应将数码管上的数字置于"00",再复点一次。

5. 扎把

当反映出来的数字为"100"时,即可扎把。扎把时,左手拇指在上,其他四个手指在下,手掌向上,将钞票从整钞盒里拿出,拿钞时注意不要漏张,然后将钞票墩齐,按缠绕法或拧结法扎纸条。机器点钞最好采取拧结法扎纸条,此方法扎纸条速度较快,适用于机器连续作业。如果用机器复点大量钞票,为了提高工效,下钞和拿钞、扎纸条的动作要连贯,当右手将一把钞票放入托钞板上后,马上拿第二把,拆纸条,将钞票折成坡形,做下钞准备。当传送带上最后一张钞票落下后,左手迅速将钞票拿出,同时右手将第二把钞票放入托钞板,然后拿纸条将点好的第一把钞票扎把,接下来继续重复以上步骤。

6. 盖章

钞券清点捆扎完毕后,应在钞券侧面的把条上盖上点钞员的名章,以明确责任。

(二)点钞前的准备工作

(1)将点钞机放在适当的位置,接通电源,打开机器电源,检查运转是否正常;

(2)将待点的钞券和把条摆放在适当的位置,保证点钞过程的连续性;

(3)根据点钞的不同需要,选择功能键。

(三)机器点钞法的具体操作要领

使用机器整点票币,可以减轻出纳人员的劳动强度。目前,使用的点钞机器都是国产统一型号的捻轮式点钞机。其操作要领如下:

1. 准备工作

点钞机放在点款员的正前方,使用时首先打开电源开关进行调试,检查各机件是否完好、工作是否正常、下钞是否流畅、计数是否正确。调试一般要求达到不松、不紧、不吃、不塞。票币放在右侧,按大面额票券在前、小面额票券在后的顺序排列。各种用具放置要适当,用时才能得心应手。

2. 操作方法

(1)持钞

右手拇指在钞票里面,其余四指在钞票外面,捏住钞票右上角。

(2)拆把

左手将捆钞纸条撕下,放在桌上,顺势将钞票捻成前低后高的坡形便于分张和下钞流畅。

(3)清点

将钞票轻轻放入下钞斗内,勿用力过大,造成塞钞,使其自然下滑通过捻钞轮进入机器内。目光迅速转向输钞带,注意检查是否有夹杂券、破损券、假钞或其他异物,如发现应立即剔出。钞票全部下到积钞台后,看清数码管显示数字是否与持把所标金额相符。

金额无误后,将钞票取出墩齐、扎把。在清查过程中,要根据票面大小,随时调整积钞台大小档次,以适应大小不同票币,使其打拍整齐。在整点整把钞票时,如果发现数码管反映不是"100"(即不是 100 张),必须经过复点。在复点前,必须首先将数码管显示的数字还原后再复点,并注意保管好原把条,不能混淆,以便分清责任。

机器点钞的关键是经常注意对机器的保养和维修,使其完好,工作正常,下钞流畅,才能达到计数准确的目的。

(四)机器点钞的注意事项

机器点钞的注意事项主要有以下 4 个方面:

(1)在机器点钞过程中,如下钞正常,目光要集中在输钞带上,直至下钞完毕,目光再移到数码显示上,看余额是否准确。

(2)在取出刚点完的钞票时,特别要注意取净,防止落下,造成混把。

(3)点完一个单位的钞票后,要清理一次机器底部看是否有遗张,特别是在发现少款的情况下,要仔细检查输钞带、捻钞轮底下是否有"吃钞"情况。

(4)根据广大出纳人员总结的经验,机器点钞时,要特别注意并应做到二看(看清跑道、看准数字)、二清(券别把数分清、钞票取清)、二防(防留张、防吃票)、二复(发现裂缝及夹带较大纸屑要复、计数不准要复)、二经常(经常查看机内底部、经常保养和维修)。

知识加油站

机器点钞要领

调好机器整好钞,拆把揉搓呈坡状。

快速操作争分秒,左右连贯用技巧。

右手送入预点钞,左手拿出捻好票。

两眼盯紧票面跑,余光扫过计数表。

顺序操作莫慌乱,动作环节要减少。

遇到假钞票抽出,快速捆扎要做到。

维护保养经常做,正常运转效率高。

任务四　钞票扎把技能

【任务描述】

钞券的捆扎是点钞过程中的一个重要环节。无论是手工点钞还是机器点钞,钞券的捆扎质量和速度对提高点钞的整体速度起着至关重要的作用。

本任务我们来跟随小张一起学习钞票的捆扎技能。

【任务实施】

钞票清点完毕后需要捆扎,扎把的方法主要分为半径拧扎法和缠绕法。

一、钞票的整理与捆扎

钞票的整理与捆扎

钞票的整理包括两方面:一是现金出纳人员在清点票币前,应先按币别(100元、50元、10元等)将钞票分类,同时挑剔出残损币,并将断裂币用纸条粘好,然后按完整票币和残损币分别进行清点;若发现可疑钞票,还应对其进行真伪鉴别。二是清点完一把钞票后,要进行捆扎前的整理,将票角拉平、钞票墩齐,然后以专用纸条捆扎牢固。

二、钞票捆扎要求

钞票捆扎是点钞过程中的一个重要环节,其捆扎速度对点钞的整体速度起着至关重要的作用。捆扎钞票以每百张为一把,经整点无误后,用纸条在钞票中间捆扎牢固。对不足一百张的钞票,则用纸条在钞票的1/3处进行捆扎,并将钞票的张数、金额写在纸条的正面。钞票捆扎完毕,应在侧面的纸条上加盖点钞人员的名章,以明确责任。每十把钞票必须用专用细绳以"双十"字形捆扎为一捆,在顶端贴上封签,并加盖经手人名章。

三、钞票捆扎方法

钞票捆扎主要是扎把,扎把的方法最常用的有两种:

(一)半径拧扎法

左手横拿已墩齐的钞票,正面朝向整点员,拇指在前,中指、无名指、小指在后,食指在钞票上侧伸直。捏住钞票左端约票面1/3处,右手的拇指与食指、中指取纸条(纸条长度约票面宽的3倍),拿住纸条的1/3,把纸条的2/3搭在钞票的上侧中央,用左手食指压住纸条,纸条的短处在钞票的背面,长处在钞票的前面;用右手拇指和中指捏住纸条长的一段往下外绕半圈,用食指去勾住短的一头纸条,使纸条的两端在钞票的后面中间合拢捏紧,再用左手捏住钞票的正面,捏成斜瓦形(正面凸,背面凹);左手腕向外转动,然后手腕还原的同时将右手中的纸条拧成半径,用食指将纸条掖在斜瓦里,使纸条卡在下部,这种方法扎把既快又紧。

(二)缠绕法

将墩齐的钞票横执,左手拇指在票前,中指和无名指在票后,捏住钞票1/3处,食指在钞票上侧,把一百张钞票分开一条缝,右手将纸条一端插入缝中,再由外往内缠绕,将纸条一端留在票面下部,用右手食指和拇指捏住纸条(纸条长度约为票面宽的 4 倍)向右折掖,掖在钞票正面下侧。

四、钞券的盖章技巧

名章一般盖在钞券上侧的捆钞条上,盖章是点钞过程的最后一环,在操作时,加盖点钞人员的名章,表示对清点钞券的质量、数量负责,盖章清晰可见。盖章时,左手迅速将捆扎完的钞券横立桌面,右手拿起章,在钞券上侧的捆钞条上逐把盖章,勿漏盖,章放右侧,以便拾拿。

知识加油站

残缺、污损人民币"全额""半额"兑换情况

能识别面额、票面剩余 3/4(含 3/4)以上,其图案、文字能按原样连接的残缺、污损人民币,金融机构应向持有人按原面额全额兑换。

能识别面额、票面剩余 1/2(含 1/2)～3/4,其图案、文字能按原样连接的残缺、污损人民币,金融机构应向持有人按原面额的一半兑换。

纸币呈正十字形缺少 1/4 的,按原面额的一半兑换。

任务五　整点硬币技能

【任务描述】

超市收银员找零离不开硬币,学习完钞券的整点后,小张看着收银台的硬币感慨道:"硬币的整点是否与钞券的整点相似呢?"

本任务我们就跟随小张一起学习硬币的整点。

【任务实施】

硬币的整点主要包括手工整点硬币和工具整点硬币。

硬币也称铸币或硬辅币,就是金属的货币。铸币主要用作辅币(如 1 角、5 角),也有小部分用作主币(如 1 元硬币)和纪念币(金属货币);主币、辅币均属于国家法定的货币,与同面额的纸币价值相等,同时在市场上混合流通。

硬币的整点方法有两种:一是手工整点;二是工具整点。手工整点硬币一般用在收款时收点硬币尾零款,大批硬币整点需用工具来进行。

整点硬币技能

一、手工整点硬币

当数量较少的硬币放在一起时,可以按从大到小的顺序挑拣分类,因为大的覆盖面大,比较好选,然后再按个数与面额分别清算。

手工整点成卷硬币,一般分为拆卷、清点、记数、包装、盖章5个环节。

(一)拆卷

将清点后要使用的包装纸平放在桌面上,右手持硬币卷的 1/3 部位,放在包装纸中间,左手撕开硬币包装纸的一头,然后右手拇指向下从左到右压开包装纸,左手食指平压硬币,右手抽出已压开的包装纸,这样就可以准备清点。

(二)清点

用右手拇指和食指将硬币分组清点。每次清点的枚数因个人技术熟练程度而定,可一次清点 5 枚或 10 枚,也可一次清点 12 枚、14 枚、16 枚等。为保证清点准确无误,可用中间分开查看的方法。例如,一次清点 10 枚,即从中间分开,一边为 5 枚,照此类推。

(三)记数

采用分组记数法,一组为一次。例如,一次清点 10 枚,那么清点 10 次即为 100 枚。

(四)包装

清点完毕即可包装,硬币每百枚包一卷。包装时,用双手的无名指分别顶住硬币的两头,用拇指、食指、中指捏住硬币的两端,再用双手拇指把里半边的包装纸向外掀起并用食指掖在硬币底部,然后用右手掌心用力向外推卷,随后用双手的拇指、食指和中指分别把两头包装纸向中间方向折压紧贴硬币,再用拇指将后面的包装纸往前压,食指将前面的包装纸往后压,使包装纸与硬币贴紧,最后再用拇指、食指向前推币,这样包装完毕。包装的硬币要求紧,不能松,两端不能露出硬币。

(五)盖章

硬币包装完毕后,横放在桌面上。用右手将人名章贴在最前面一卷的右端,用左手掌心推动硬币向前滚动,右手将人名章逐一盖在硬币卷的右端。

二、工具整点硬币

工具整点硬币是指对大批的硬币用整点工具进行整点。其具体操作步骤如下:

（一）拆卷

拆卷有以下两种方法：

1. 震裂法拆卷

用双手的拇指与食指、中指捏住硬币的两端向下震动，在震动的同时左手稍向里扭动，右手稍向外扭动。

2. 刀划法拆卷

首先在硬币整点器的右端安装一个坚硬刃向上的刀片，拆卷时用双手的拇指、食指、中指捏住硬币的两端，从左端向右端从刀刃上划过，这样做可使包装纸被刀刃划破一道口，硬币进入整点器盘内，然后将被划开的包装纸拿开，准备点数。

（二）清点

将硬币放入整点器内进行清点时，用双手食指扶在整点器的两端，拇指推动弹簧轴，眼睛从左端到右端看清每格内是不是 5 枚，如有氧化变形及伪币要随时挑出，并如数补充上，然后准备包装。

（三）包装

工具整点硬币的包装方法与手工整点硬币的方法相同。

三、如何鉴别硬币真伪

硬币如图 3-2 所示，鉴别方法如下：

图 3-2　硬币

（1）看是否生锈，真币采用的钢质特殊，且镀层牢固，不易生锈，而假币镀层易脱落，极易生锈；

（2）看硬币的图案清晰与否，真币的花瓣及叶脉非常清晰，而假币则模糊不清；

（3）真币的边缘整齐而且厚度均匀，而假币则边缘粗糙并且厚度不均匀。

知识加油站

硬币的收藏价值

　　我国的硬币发行量较大,民间的存量也大,尽管分币已经退出了流通,但并非所有的硬币都有收藏价值,只有少数年份的硬币才有收藏价值。除了未公开批量发行的"五大天王"、长城币外,还有发行量较少的分币也值得收藏。譬如,1955年至1959年的分币比较稀缺,尤其是1957年的1分硬币,带光的、高品相的,一枚喊价2 000元左右。1959年的2分硬币,收藏价格也超过1 000元一枚。1956年的1分硬币收藏价格800元一枚,1955年的1分硬币也值200元一枚。

实训演练

一、点钞技能考核

(一)实训目的
使学生熟练掌握验钞与点钞技能。

(二)实训要求
参考中国工商银行总行的行级技术标准,组织学生进行点钞技能考核。

(三)实训过程
进行点钞技能考核,考核标准参考表3-1。

表3-1　　　　　　　中国工商银行总行点钞技能量化标准参考表

点钞方法	等级	3分钟张数	百张所用时间
单指单张点钞法	一	700以上	22秒以内
	二	600～699	24秒以内
	三	500～599	26秒以内
多指多张点钞法	一	1 000以上	17秒以内
	二	800～999	20秒以内
	三	700～799	22秒以内
扇面点钞法	一	1 000以上	16秒以内
	二	800～999	20秒以内
	三	700～799	22秒以内

二、用手持式单指多张、多指多张、扇面式点钞法对 100 张钞券抽张、清点、捆扎

（一）实训目的

使学生熟练掌握手持式点钞技能。

（二）实训要求

学生快速、准确地对钞券进行抽张、清点、捆扎。

（三）实训过程

进行点钞技能考核。

三、用手按式点钞法对 100 张钞券抽张、清点、捆扎

（一）实训目的

使学生熟练掌握手按式点钞技能。

（二）实训要求

学生快速、准确地对钞券进行抽张、清点、捆扎。

（三）实训过程

进行点钞技能考核。

项目四
鉴别假钞技能

素质目标

1. 了解现代货币防伪技术、鉴别人民币真假的方法。
2. 培养学生严谨细致、诚信敬业的精神。

知识目标

1. 了解第五套人民币的防伪特征。
2. 了解假钞的种类和特征。
3. 掌握鉴别人民币真假的方法以及鉴别常见外币真假的方法。

技能目标

1. 能够运用正确的方法快速、准确地鉴别人民币的真假。
2. 能够快速检验纸币和硬币的真假。
3. 能够规范、熟练地运用机器验钞。

案例导入

假币犯罪

在中国假币犯罪的版图中,湖南道县是全国假币犯罪的"重镇"。

央行的一份数据显示,近年来,中国的假币年平均收缴量近 8 亿元。道县政法委提供给《中国新闻周刊》的数据显示,2018 年以来,道县缴获假币 2 352 余万元,占湖南全省假币缴获总额的 80％。2018 年以来,全国共破获假币犯罪案件 1 281 起,抓获犯罪嫌疑人 1 986 名,其中道县籍人员涉案 107 起、174 人,占比均为 8％。

道县寿雁镇,制贩假币一度很"出名"。寿雁镇是道县第一大镇,当地居民告诉《中国新闻周刊》,寿雁镇有"中国第二人民银行"之称,在市面上被非法使用的假钞则被戏称为"寿雁版"。永州市副市长、公安局局长车丽华告诉《中国新闻周刊》,道县是全国为数不多的伪造、买卖、运输、持有使用假币犯罪"一条龙"地区。

在道县,打击假币犯罪风暴骤起。亮警灯,拉警笛,拉网式"包村"集中围剿。2021 年 1 月 13 日,湖南省永州市和道县公安机关兵分三路,对藏匿在道县境内的多处假币犯罪窝点进行"定点清除",缴获 100 元面额 2015 年版假人民币 858 万余元,打响了 2021 年全国打击假币犯罪的第一枪。2 月 21 日,永州市、道县两级公安机关再次出动 150 余名警力,对道县永丰村、牛路口村等制贩假币窝点进行集中统一收网行动,缴获 20 元面额的假人民币 364 万余元。车丽华坦言,使用几倍甚至十几倍的警力,一是为了形成震慑,二是做到"除恶务尽"。

阅读完以上的新闻,小张深感想要从事会计、财务、金融、出纳等工作,掌握好验钞和点钞是必不可少的基本技能。

任务一 熟悉第五套人民币的防伪特征

【任务描述】

小王是一名 2022 级会计专业的学生,在会计技能课上老师讲授了人民币的历史演变和发展。中国人民银行自 1948 年 12 月 1 日成立以来,已经发行了五套人民币,每套人民币的设计特征都体现了各个时期的社会发展和民族风格。现行流通的第五套人民币根据各面额纸币年版号不同,分为"1999 年版""2005 年版""2015 年版""2019 年版"和"2020 年版"。小王非常好奇,想知道第五套人民币与其他版的人民币有哪些区别。

本任务我们来跟随小王一起学习第五套人民币的防伪特征。

【任务实施】

第五套人民币的防伪特征主要体现在纸张、油墨和印刷技术等方面。

一、人民币的基本知识

中华人民共和国的法定货币称为"人民币"。人民币由中国人民银行发行,中国人民银行是国家管理人民币的主管机关,负责人民币的设计、印制和发行。人民币的基本单位是元〔人民币元(Renminbi Yuan),简写"RMB",以"￥"为代号〕,在数字前一般加上"￥"表示人民币的金额,人民币分为主币和辅币。人民币元以上为主币,辅币为角、分,1元等于10角,1角等于10分。

了解人民币

(一)人民币结构

人民币票面结构除了主景、图饰、面值外,还有盲文点、行长图章、少数民族文字、汉语拼音、国徽、冠字号码等。

(二)人民币的发展

中华人民共和国自发行人民币以来,历时70多年,随着经济建设的发展以及人民生活的需要而逐步完善和提高,至今已发行五套人民币,形成纸币与金属币、普通纪念币与贵金属纪念币等多品种、多系列的货币体系。除1分、2分、5分三种硬币外,第一套、第二套和第三套人民币已经退出流通,第四套人民币于2018年5月1日起停止流通(1角、5角纸币和5角、1元硬币除外)。现在流通的人民币,主要是1999年、2005年、2015年、2019年、2020年发行的第五套人民币。

1.第一套人民币

1948年12月1日,中国人民银行成立并发行第一套人民币,共12种面额62种版别,其中,1元券2种、5元券4种、10元券4种、20元券7种、50元券7种、100元券10种、200元券5种、500元券6种、1 000元券6种、5 000元券5种、10 000元券4种、50 000元券2种。

特点:种类繁多,面额大小差别大;版面思想不统一、不明确;印制工艺多样,质量参差不齐;存世数量少,收藏价值大。统一发行人民币促进了人民解放战争的全面胜利,在新中国成立初期经济恢复时期发挥了重要作用。

2.第二套人民币

第二套人民币于1955年3月1日开始发行,同时收回第一套人民币。第二套人民币与第一套人民币折合比率为 1∶10 000。第二套人民币共有 1 分、2 分、5 分、1 角、2 角、5 角、1 元、2 元、3 元、5 元、10 元 11 个面额,其中,1 元券 2 种,5 元券 2 种,1 分、2 分和 5 分券别有纸币、硬币 2 种。为便于流通,自 1957 年 12 月 1 日起发行 1 分、2 分、5 分三种硬币,与纸分币等值流通。1961 年 3 月 25 日和 1962 年 4 月 20 日分别发行了黑色 1 元券和棕色 5 元券,分别对票面图案、花纹进行了调整和更换。由于大面额钞票技术要求很高,在当时情况下,3 元、5 元、10 元由苏联代印。

特点:发行金属分币,人民币货币体系首次完善;"中国人民银行"字样由员工书写流传至今;由外国人代印"苏三币"空前绝后。

3. 第三套人民币

第三套人民币于 1962 年 4 月 20 日发行,共有 1 角、2 角、5 角、1 元、2 元、5 元、10 元 7 种面额 13 种版别,其中,1 角券别有 4 种(包括 1 种硬币),2 角、5 角、1 元有纸币、硬币 2 种。1966 年和 1967 年又先后两次对 1 角纸币进行改版,主要是增加满版水印,调整背面颜色。

特点:券面设计反映时代特征;印制工艺跻身国际一流,使用时间最为长久。

4. 第四套人民币

为了适应经济发展的需要,进一步健全中国的货币制度,方便流通使用和交易核算,中国人民银行自 1987 年 4 月 27 日起发行第四套人民币。第四套人民币共有 1 角、2 角、5 角、1 元、2 元、5 元、10 元、50 元、100 元 9 种面额,其中,1 角、5 角、1 元有纸币、硬币 2 种。与第三套人民币相比,增加了 50 元、100 元大面额人民币。为适应反假人民币工作需要,1992 年 8 月 20 日又发行了改版后的 1990 年版 50 元、100 元券,增加了安全线与无色荧光油墨印刷等新技术。

特点:一次公布,分次发行;印钞工艺和防伪能力进一步提高;投资价值显现。

5. 第五套人民币

1999 年 10 月,根据中华人民共和国国务院令第 268 号,中国人民银行发行了第五套人民币。1999 年 10 月 1 日,首先发行了 100 元纸币、1 元和 1 角硬币;2000 年 10 月 16 日,发行了 20 元纸币;2001 年 9 月 1 日,发行了 50 元、10 元纸币;2002 年 11 月 18 日,发行了 5 元纸币、5 角硬币;2004 年 7 月 30 日,发行了 1 元纸币。共有 1 角、5 角、1 元、5 元、10 元、20 元、50 元、100 元 8 种面额,其中 1 元有纸币、硬币两种。

2005 年 8 月,为提升防伪技术和印制质量,中国人民银行发行了 2005 年版第五套人民币部分纸、硬币。2005 年版纸币规格、主景图案、主色调、"中国人民银行"行名和汉语拼音行名、面额数字、花卉图案、国徽、盲文面额标记、民族文字等票面特征,均与流通中的 1999 年版第五套人民币相同,但变光数字、面额水印位置有所调整,增加了凹印手感线、防复印标记,以及背面面额数字加后缀"YUAN"等。第五套人民币 1 角硬币材质由铝合金改为不锈钢,色泽为钢白色,正面为"中国人民银行""1 角"和汉语拼音字母"YI JIAO",以及年号。

2015 年 11 月,央行发行 2015 年版 100 元纸币。在规格、主图案等保持不变的前提下,对票面图案、防伪特征及布局进行了调整,提高机读性能,采用了先进的公众防伪技术,使公众更易于识别真伪。

2019 年 4 月 29 日,央行发布公告称,中国人民银行定于 2019 年 8 月 30 日起发行 2019 年版第五套人民币 50 元、20 元、10 元、1 元纸币和 1 元、5 角、1 角硬币。发行后,与同面额流通人民币等值流通。

2020 年 11 月 5 日,央行发行 2020 年版第五套人民币 5 元纸币。2020 年版第五套人民币 5 元纸币保持 2005 年版第五套人民币 5 元纸币规格、主图案、主色调、"中国人民银行"行名和汉语拼音行名、国徽、盲文面额标记、民族文字等要素不变,优化了票面结构层次与效果,提升了整体防伪性能。发行后,与同面额流通人民币等值流通。

第五套人民币与前四套人民币相比,具有如下一些鲜明的特点:

一是第五套人民币是由中国人民银行首次完全独立设计与印制的货币,这说明中国货币的设计印制体系已经成熟,完全有能力在银行系统内完成国币的设计、印制任务,且此套新版人民币经过专家论证,其印制技术已达到了国际先进水平。

二是第五套人民币通过有代表性的图案,进一步体现出我们伟大祖国悠久的历史和壮丽的山河,具有鲜明的民族性。

三是第五套人民币的主景人物、水印、面额数字均较以前有所放大,尤其是突出阿拉伯数字表示的面额,这样便于群众识别,会收到较好的社会效果。

四是第五套人民币应用了先进的科学技术,在防伪性能和适应货币处理现代化方面有了较大提高,可以说,这是一套科技含量较高的人民币。

五是第五套人民币在票幅尺寸上进行了调整,票幅宽度未变,长度缩小。

另外,第五套人民币的面额结构在前四套人民币的基础上进行了一些调整,取消了 2 元券和 2 角券,增加了 20 元券。这是因为随着经济的发展,在商品交易中 2 元券、2 角券的使用频率越来越少,取消这两个券种不但对流通无碍,而且还能节省印制费用。但从收藏的角度看,这两种票券极具升值的潜力。随着物价水平的不断提高,在商品交易中 10 元面额的主币逐步承担起找零的角色,相对其他面额的货币来讲,10 元面额票券的使用量较多,致使客观上需要一种介于 50 元与 10 元面额之间的票券担当重任,以满足市场货币流通的需要。因此,为了调整人民币流通结构、完善币制,第五套人民币增加了 20 元券。

(三)人民币的使用

1. 爱护与使用人民币的方法

人民币是中华人民共和国的法定货币,爱护与使用人民币是每个公民的义务。使用人民币时应注意以下几点:

(1)收付人民币要平铺整理,不要乱揉、乱折。

(2)不得在人民币上乱涂、乱画、乱写和乱盖印记。

(3)出售油污、污染商品的收款人员,应把手擦干净再收款,以免弄脏人民币。

(4)防止化学药物对人民币的侵蚀,在生活中不要将肥皂洗涤剂与人民币放在一起。

(5)用机具收付款时,应注意避免损伤人民币。

(6)不要在金属币上凿字打眼、锤击折弯等,以免使硬币变形和受损。

2. 残缺、污损人民币的兑换

(1)全额兑换

能辨别面额,票面剩余 3/4(含 3/4)以上,其图案、文字能按原样连接的残缺、污损人民币,金融机构应向持有人按原面额全额兑换。

(2)半额兑换

能辨别面额,票面剩余 1/2(含 1/2)~3/4,其图案、文字能按原样连接的残缺、污损人民币,金融机构应向持有人按原面额的一半兑换。

(3)不予兑换

①票面残缺 1/2 以上者。

②票面污损、熏焦、水湿、油浸、变色,不能辨别真假。

③故意挖补、涂改、剪贴、拼凑、揭去一面者。

④不予兑换的残损人民币,由人民银行打洞作废,不得流通使用。

人民币的使用

残缺、污损
人民币的兑换

知识加油站

残损人民币

残损人民币是指在人民币流通过程中,因长期使用造成票面残缺或污损而不能继续流通的人民币。

造成人民币残损的原因很多,有的是长时间流通、自然磨损造成的,有的是水湿、油浸、虫蛀、鼠咬、火烧、霉烂造成的。银行出纳在办理日常收款业务时,要把残破、污损的人民币挑出来,单位和个人手中的残缺人民币要求调换时,银行也应该予以无偿兑换,并将其交存当地中国人民银行。

3. 不宜流通人民币的挑拣标准

(1)纸币票面缺少面积在 20 平方毫米以上的。

(2)纸币票面裂口在两处以上,长度每处超过 5 毫米的;裂口一处,长度超过 10 毫米的。

(3)纸币票面有纸质较绵软,起皱较明显,脱色、变色、变形,不能保持其票面防伪功能等情况之一的。

(4)纸币票面污渍、涂写字迹面积超过 2 平方厘米的;不超过 2 平方厘米,但遮盖了防伪特征之一的。

二、纸币防伪技术

纸币的防伪措施主要体现在纸张、油墨和印刷技术等几个方面。

(一)纸质

纸张是印制钞票的主要材料,印制人民币的纸张,使用的是纤维较长的以棉、麻为主的印钞专用纸张。其特点是用料讲究、工艺特殊、预置水印。造的印钞纸光洁挺拔、坚韧耐磨。如第五套人民币的 100 元、50 元、20 元、10 元券在票面上均可看到纸张中有红、蓝彩色纤维,且呈不规则分布。这些彩色纤维是预先将一些特殊纤维染上红色、蓝色或其他颜色,在造纸过程中将这些纤维按一定比例加入纸张。

(二)水印

水印是制造印钞纸时采用的特殊防伪手段,是在生产过程中通过改变纸浆纤维密度的方法而制成的。它是在造纸过程中已制作定型,而不是后压印上去或印在钞票上面的。因此,水印图案都有较强的立体感、层次感和真实感。人民币的水印有固定部位水印、白水印和满版水印等。

(三)制版

人民币的制版,除使用我国传统的手工制版外,还采用了多色套版印制钞票图纹的胶印或凹印接线技术，以及正背面图案高精度对印技术。

（四）油墨

印制人民币所用油墨，均为特殊配方油墨，使用这种油墨多次套版印制的人民币，色泽鲜艳、色调协调、层次清晰。人民币印制时，在大额票面上还采用了无色荧光油墨、磁性油墨、光变油墨面额数字和隐形面额数字等主要防伪手段。

（五）印刷

第四套人民币中 1 元券以上的主币以及第五套现已发行的人民币正面人像、行名、国徽、面额、花边、盲文等，背面拼音行名、主景、面额、少数民族文字、行长等，均采用了凹版印刷技术。凹版印刷的钞票，油墨厚，用手触摸有凹凸感，因此防伪性能强，是一种较先进的特种印制工艺。

（六）安全线

安全线是在造纸过程中采用特殊技术在纸张中嵌入的一条比较薄的金属线或塑料线。人民币已使用金属安全线、缩微文字安全线、开窗式安全线等。开窗式安全线是指安全线一段一段地显露在钞票的表面，看起来不连贯，但用荧光一照是连在一起的，组成一条完全的安全线。

三、硬币防伪技术

硬币防伪措施主要体现在硬币的材质、形状和铸造工艺等几个方面。

（一）材质

除了金、银、铜、镍、铝及其合金等传统的造币材料外，从 20 世纪 70 年代初开始，出现了三明治式的铜铁复合、镍铁复合和钢芯镀铜、钢芯镀镍、锌芯镀铜等包覆材料，不锈钢也应用于制造流通硬币。

（二）形状和工艺

随着科学技术的迅猛发展，造币生产过程中应用了许多新的工艺和技术。除了传统的平边丝齿外，还出现了多边形、异形、圆形中间打孔、间接丝齿、连续斜丝齿、双金属镶嵌、三金属镶嵌、局部镶嵌、边部滚字、边部凹槽滚字、隐形雕刻、丝齿滚字、激光全息、彩色、微粒细点、高浮雕、反喷沙等全新概念的新工艺、新技术。

四、第五套人民币的一般防伪特征

如何识别目前市面上出现的第五套人民币的假钞？很多人有这样

第五套人民币的鉴别点

的烦恼。随着第五套人民币的逐渐发行,相应的假币也逐渐出现,且造假技术不低,单凭感觉已难以鉴别。但假钞制作得再逼真,毕竟是两种工艺。只要了解真币的防伪特征,识别假币并不是一件难事。就目前来说,第五套人民币有以下 12 种防伪特征:

(一)纸张

真钞用纸系专用的造币纸,手感薄,整张币纸在紫外光下无荧光反应。币纸中不规则分布着黄蓝色荧光纤维,日光下肉眼可见,在紫外光下纤维有荧光反射。假钞用纸是普通胶版纸或普通书写纸,手感较厚,表面平滑,在紫外光下币纸呈现白色荧光,且无黄蓝色荧光纤维。但有时真币也会在紫外光下呈现白色荧光,这是因为纸币被含荧光剂的物质(最普遍的就是日用的洗衣粉)污染了。

(二)印刷

真钞的正背面图案均为雕刻版印刷,人物的头发根根丝缕清晰可辨,线条光洁凸立。仔细摸索,能够感觉到人像上每根头发的纹路。假钞系平版印刷、四色套印,所以图案着墨不匀、纹理不清晰。特别是肖像的头发是由网点油墨堆积成片,因此发丝无法辨认。假钞纸纹同样是由网点组成,如借助 8 倍左右放大镜观察,根根直线或曲线变成一个个小点形成的线,杂乱错落无序。

(三)磁性安全线

真钞安全线具有磁性,可用机器辅助识别,肉眼可见安全线内有缩微文字(限于 100 元、50 元、20 元),文字清晰,间隔有序,线条宽窄一致。假钞安全线很难做到有磁性,虽也有文字但并不齐整,线有宽窄。由于是手工埋设,纸张皱褶不平,加上塑料质的安全线与纸张伸缩率不同,埋设得又不服帖,致使安全线两端长出一段,呈银白色的点状线头,由此可以看出蛛丝马迹。

(四)水印

真钞水印是造纸过程中趁纸浆未完全吃水、干燥之前经模具挤压形成,压力轻重大小形成图像的明暗层次,且层次过渡自然,富有神韵,图像清晰,立体感强。假钞水印由手工制作,质量低劣。目前所知的制作方法有揭开纸张的夹层,在其中涂上一层糊状物,再将两层纸一并合压,趁湿把纸垫在刻有图像的凹版上,经压而成。手工操作,动作笨拙,致使具有水印一端的假钞纸张发皱不平。

(五)正背面互补对印

真钞的正背面互补对印图案是由印钞专用设备正背面一次印刷完成。正背面的互补对印图案,在透视条件下完全吻合,准确无误。假钞分作正背面两次平版印刷,对印图案往往不能吻合,如果加上纸张的伸缩原因,对印偏离更大,如对印图案上下错位、图案间距宽窄不一或叠压等。

(六)无色荧光油墨

真钞左上角在紫外光下显现出一矩形框"100/50/20/10/5"字样,发出强亮的橘黄色荧光。假钞在紫外光下同样在上述真钞部位有荧光反应,但颜色浓度、荧光强度均相差甚远,暗淡无色。如发现荧光有异,可与真币进行对比。

(七)光变油墨

真钞正面左下角在号码下面有一"100/50/20/10"字样,是用光变油墨印制的(新版5元无此设计),正常视角观察为草绿色,直观或平视都呈现蓝黑色。视角改变过程中色彩渐变。假钞制作时,由于无法得到这种特别的光变油墨,只得用草绿色油墨印刷"100/50/20/10"字样,不会变色。

(八)隐形数字

真钞右上角在"100/50/20/10/5"字样下方团花装饰内有"100/50/20/10/5"字样隐形数字,从右端横向平视钞票时清晰可见,字样系由规律性线条组成,用雕刻凹版印刷,直视或平视时产生不同视角效应。假钞因是平版印刷,线条由网点组成,全然破坏了设计者构想的视角效应,凭此点也完全可以判断钞票的真伪。平视没有"100/50/20/10/5"隐形字样的钞票一定是假钞无疑。

(九)号码

真钞的号码是计量数字。绝对没有重号,而且字形工整、标准,墨量、颜色、压力均匀一致,质量好。真钞号码是凸版印刷,号码部位的背面有压痕。假钞号码的特点是:号码数字多相同;字形不标准;颜色深浅不一致;由于是平版印刷,背面无压力痕迹。

(十)磁性油墨

真钞正面左下角采用双色横号码(2位冠字、8位号码),具有磁性,可用机器辅助鉴别(新版5元无此设计)。

(十一)胶印接线印刷

第五套人民币100元正面左侧的中国传统图案是用胶印接线技术印刷的,每根线均由两种以上颜色组成。

(十二)浮雕隐形文字

第五套人民币各面值大多包含浮雕隐形文字,位置有的在人像两侧,有的在背面顶部或底部。如100元的为"RMB100"字样。

任务二　熟悉假钞的种类与特征

【任务描述】

　　小张是生活超市的一名收银员。日前,小张在清账的时候,验钞机突然验出一张百元假钞。小张非常疑惑:"那张钱摸起来跟真的一样,怎么会是假的?"小张起初并未发现这钱有什么问题,观察了好一会儿才发现端倪,"这张钱左边明显比右边光滑,右边有凹凸不平的感觉"。仔细观察,原来这张钱的 2/3 是真的,而有水印的那一段是假的。该钞由两者拼接而成,接口处黏合得十分完整,只有从"100"中间的"0"才能看到一点点瑕疵。小张暗下决心,一定要熟悉假钞的种类与特征,为鉴别假钞打好基础,成为一名合格的收银员。

【任务实施】

假钞的种类
及特征

　　要想掌握鉴别人民币真假的方法,首先应熟悉假钞的种类与特征,下面我们跟随小张一起了解一下假钞的基本知识吧。

一、假钞的种类

　　假币是指伪造、变造的货币,包括人民币假币和外币假币,这里只介绍人民币假币。假人民币是指仿真人民币纸张、图案、水印、安全线等原样,利用各种手段非法制作的伪币。根据其主要特征和制作手段的不同,可以分为伪造假币和变造假币两类。

(一)伪造假币

　　伪造币是指仿照真币的图案、形状、色彩等,采用各种制假手段制作的假币。从目前我国发现的假币来看,主要是以 100 元、50 元的大额面值为主。但随着人们对大额票币的警惕,犯罪分子开始转向制作20 元、10 元、5 元等小面额假币。

　　伪造币主要有以下种类:

　　1.机制胶印假币

　　机制胶印假币就是利用现代化的制版印刷设备伪造的假币。这类假币伪造的质量高、数量多,危害性极大,是反假货币最重要的目标。此类假币水印大多是印上去的,加盖在表面并且模糊不清,在紫光灯下会发出荧光,线条多为网点结构,其安全线是用黄色油墨印在表面的。

　　2.拓印假币

拓印假币的纸质比较差,由三层纸粘贴,中间层用手工描绘水印,正背两面纸质较薄,颜色暗淡无光泽,在紫外光源下呈强烈荧光反应。

3.照相版假币

照相版假币的纸面较光滑,纸质没有弹性,人像图案没有立体感,无底纹,有色差,一般是手工描绘水印。

4.复印假币

复印假币的纸质一般是复印机专用纸,弹性较差,表面光滑,票面线条不整齐,也没有光泽,正反面有色差,水印是用白色油墨加盖在背面的,在紫外光源下有强烈荧光反应,冠字号码是加印而成的。

5.石、木、塑料版印制假币

石、木、塑料版印制假币用的材料较低劣,属于手工刻版,人像、图案粗糙,水印多为描绘,纸质多为普通的胶印纸,颜色也是普通的绘画颜料,这种假币质量较差,比较容易识别。

6.铸造假币

铸造假币是指伪造的金属货币。

(二)变造假币

变造币是指将人民币采用挖补、剪贴、拼凑、涂改、揭面等手段,以少变多、以小变大制成的变形票币。变造币主要有以下种类:

1.剪贴变造币

剪贴变造币就是将人民币裁成几段,每张取出其中一段,几段就可以接拼成一张完整的票面,以少变多,从中牟利。拼凑出的钞票比真币要短一点,或者花纹不衔接,背面有粘贴痕迹,拼接痕迹明显。

2.揭面变造币

揭面变造币就是将人民币首先进行处理,一揭为二,再用白纸进行粘贴,这样一面是真币,另一面是假币。揭面后的纸币要比原来的纸币薄,只要将票面展开,正反面一看即可发现。

3.涂改变造币

涂改变造币就是用消字、消色方法将小面额纸币的金额消掉,再描绘或刻印成大面额的纸币。这种变造币的金额部分有涂改或刀刮削的痕迹,在颜色、图案、尺寸上与真币都有很大的区别。

二、假钞的特征

(一)假钞的一般特征

1.固定人像、花卉水印

假钞一般在纸张夹层中涂布白色浆料,层次较差,透光观察水印所在位置的纸张明显偏厚;在票面正面、背面同时使用无色水印图案,图案不透光也清晰可见,立体感较差。

2.安全线

在钞票表面用油墨印刷一个线条来伪造安全线,仪器检测无磁性特征;在纸张夹层中放置与安全线等宽的线状物,与纸张结合较差,极易抽出,纸与线有分离感;安全线上的缩微文字较粗糙,仪器检测无磁性特征;伪造开窗安全线,使用双层纸张,在正面的纸张上对应开窗位置留有断口,使镀有金属反射表面的线状物从一个断口伸出,再从另一个断口埋入,用以伪造开窗安全线。

3.隐形面额数字

假币的隐形面额数字是使用无色油墨印刷而成的,图文线条与真币差别较大。

4.雕刻凹版印刷图案

假钞的正背面图案多是由细点组成的,图案颜色也不正,缺乏层次感、凹凸感。

5.胶印、凹印缩微文字

假币的缩微文字模糊不清。

6.阴阳互补对印图案

假钞的阴阳互补对印图案在透视时,正背面图案重合不完整,有明显的错位现象。

7.有色、无色荧光图案

在紫外光源下,假币无色、无荧光图案在颜色和亮度上与真币都有区别。

8.专业纸张

伪造假币的纸张,一般使用普通纸张,手感比较平滑、绵软,票面无凹凸感,纸张中不含无色荧光纤维。

(二)伪造假币的特征

(1)假币的水印大部分是在纸张夹层中涂布白色浆料,层次较差,图像模糊;有的则是在纸张表面描绘成水印图案,冒充水印。

(2)假币纸张在紫外光源下多数有强烈的荧光反应。

(3)假币正背面均采用全胶印(四色网点)方式印刷,大多墨色深浅不一,有的版面颜色偏深,有的偏淡,有的版面偏向于一种颜色,而且凹印图文平滑,无浮雕感。

(4)制作假币的纸张,一般用普通纸张,与印钞纸相比手感比较平滑、绵软,厚薄也不均匀,票面无凹凸感。

(5)假币的安全线是在纸张夹层中放置的,纸与线有分离感。还有的假币则在正反两面各印刷一个条状图案,仔细观察便能看出破绽。

(三)变造假币的特征

变造假币是在真币的基础上,经过人为加工变形而成的。多采用挖补、剪贴、拼凑、揭面、涂改等手段,人为痕迹比较明显,比伪造假币易于辨认。如拼凑币,它是经人为分割破坏后再进行拼凑,以少拼多,达到多换的目的。揭面币,也是经过人为地揭去一面后,用其他纸进行粘贴,从而达到以少换多的目的。

知识加油站

有关假人民币的几项规定

对于持有或发现假人民币如何处理,以及关于假人民币的没收、收缴和鉴定等方面的问题,《中华人民共和国人民币管理条例》(以下简称《条例》)中有明确规定。

一是持有或发现假人民币如何处理。《条例》第三十二条规定,单位和个人持有伪造人民币的,应当及时上交中国人民银行、公安机关或者办理人民币存取业务的金融机构;发现他人持有伪造、变造人民币的,应当立即向公安机关报告。

二是哪些部门有权没收假人民币。《条例》第三十三条第一款规定,中国人民银行、公安机关发现伪造、变造的人民币,应当予以没收,加盖"假币"字样的戳记,并登记造册;持有人对公安机关没收的人民币的真伪有异议的,可以向中国人民银行申请鉴定。

三是哪些机构可以收缴假人民币。《条例》第三十四条规定,办理人民币存取业务的金融机构,发现伪造、变造的人民币,数量较多,有新版的伪造人民币或者有其他制造贩卖伪造、变造的人民币线索的,应当立即报告公安机关;数量较少的,由该金融机构两名以上工作人员当面予以收缴,加盖"假币"字样的戳记,登记造册,向持有人出具中国人民银行统一印制的收缴凭证,并告知持有人可以向中国人民银行或者向中国人民银行授权的国有独资商业银行的业务机构申请鉴定。

四是哪些单位有权鉴定人民币真伪。根据《条例》第三十三条、第三十四条规定,中国人民银行及中国人民银行授权的国有独资商业银行的业务机构有权鉴定人民币真伪。另外,《条例》第三十五条第一款规定,中国人民银行及中国人民银行授权的国有独资商业银行的业务机构应当无偿提供鉴定人民币真伪的服务。

任务三　鉴别真假人民币

【任务描述】

　　近期,新闻陆续报道了重庆等地警方破获假币的案件,不少媒体也开始关注假币的危害。但是,小张对此感到疑惑:"我们大部分人肯定不具备专家们的设备和眼光,那么,有没有在日常生活中可以简单快速辨别真假人民币的方法呢?"小张在熟悉假钞的种类和特征后,决定继续学习,掌握鉴别真假人民币的方法。

　　本任务我们跟随小张一起了解一下鉴别真假人民币的基本知识。

【任务实施】

　　人民币的鉴别方法包括人工鉴别方法和机器鉴别方法。

一、人民币的基本鉴别方法

(一)人工鉴别人民币的方法

1. 伪造假币的鉴别方法

　　中国人民银行方面提醒,人民币的流通量较大,交易较频繁,假币的制作仿真越来越猖獗,警觉意识最重要。采用真币与假币仔细对比识别,可以更有效地识别假币。由于伪造假币的仿真技术较高,因此,鉴别时多采用综合鉴别的方法,最常用的方法就是一看、二摸、三听、四测、五拓。

　　一看:迎光观察,看水印,立体感强。迎光照看安全线,第五套人民币的安全线有缩微文字。仔细观察图案花纹的统一,形状外观效果对接线是否对接完好,色彩鲜明,清晰流畅。在现金收付、整点过程中,注意看票面的颜色、花纹、线条、图案、水印、安全线等。真人民币颜色鲜明,花纹线条粗细均匀,图文清晰,层次分明;假币则颜色暗淡,花纹线条粗细不一,图文模糊,层次平淡。真人民币具有特别的水印标记,水印嵌于纸张内部,层次丰富,透过光线观察时,图形清晰可见,人像生动逼真,立体感很强;而假币水印层次较差,图像模糊不清,没有立体感。真人民币安全线嵌于纸张内部,纸与线融为一体;假币的安全线是在纸张夹层中放置的,纸与线有分离感,有的假币还在正反两面各印刷一个条状图案,仔细观察便能看出破绽。

　　二摸:人民币采取凹版印刷,用手指触摸人民币的"中国人民银行"字样、盲文标记、国徽、第五套人民币人像部位,图案凹凸,纹路感明显,薄厚均匀。对有疑问的票币,用手摸纸张的质量、凹印图文等。真人民币用手摸时,纸张手感挺括;假币纸张手感绵软。真币正背面主景、"中国人民银行"行名、面额数字、盲文面额标记及汉语拼音行名等,均采用雕刻凹版印刷,凹印图文具有凸出于票面的浮雕感,用手指触摸时有明显的凹凸感;而假币票面图文平滑,无浮雕感,用手指触摸时没有凹凸感。

三听:人民币纸张抖动或手指弹声音清脆悦耳;假币纸张发软、偏薄,声音发闷。以手指弹击票币,或用手捏住票面的一端甩动票币,仔细听票币发出的声响,真币声音清脆,假币声音沉闷。

四测:用眼看、手摸、耳听发现了可疑票币后,仍不能准确加以确定的,比如流通时间较久的、破损比较严重的票币或仿造比较逼真的票币等,就需要借助简单工具和专用仪器进行检测,识别真伪,如借助放大镜来观察票面线条的清晰度,胶印、凹印缩微文字等。

五拓:将要检测的人民币放于一平滑的玻璃板上,上面覆盖一层薄白纸,用铅笔在人民币的水印、文字、盲文等处轻拓,如是真币,则上述图案、文字均会显现在白纸上,而假币则显现不清。

2.变造假币的鉴别方法

对变造假币的鉴别,主要是通过眼睛来仔细识别。鉴别时应注意以下几点:

(1)仔细观察票面断裂处是不是被刀割、手撕等手段有意破坏扯断的。

(2)仔细观察票面被割破后的花纹、线条是不是按照原样衔接的。

(3)发现用纸条粘补的地方,应将纸条揭开,仔细观察断裂处是否有短缺;如果整个票面全部是被纸粘贴的,应将其撕开,看是否有一半的票面全部被揭去。

(4)如果发现可疑票币是两个半张粘在一起的,应仔细看这两个半张是否属于同一张钞票。若发现两个半张不属于同一张钞票,则可疑票币属于变造假币。

(二)机器鉴别人民币的方法

机器检测法,就是用验钞机或点钞机检测真假人民币的方法。机器检测方法比较简单,可以用专门的多功能验钞机进行检测,也可以用具有鉴伪功能的点钞机进行检测。目前,验钞机有很多种品牌和型号,其主要功能大同小异。使用方法非常简单,接通电源,打开电源开关,按下相应按键即可进行相关检测。

验钞机的辨伪手段通常有荧光检测、磁性检测、红外穿透检测三种方式。

1.荧光检测

荧光检测的工作原理是针对人民币的纸质进行检测。人民币采用专用纸张制造,经漂白处理后的纸张在紫外线(波长为 365mm 的蓝光)的照射下会出现荧光反应,人民币则没有荧光反应。所以,用紫外光源对钞票进行照射并同时用硅光电池检测钞票的荧光反应,可以判别钞票真假。

在荧光检测中,需要注意两个问题:一是检测空间的遮光。外界光线进入检测空间会造成误报。二是紫外光源和硅光电池的防尘。在点钞过程中有大量粉尘,这些粉尘黏附在光源表面会削弱检测信号,造成漏报。

2.磁性检测

磁性检测的工作原理是,利用大面额真钞(20 元、50 元、100 元)的某些部位用磁性油墨印刷,使用一组磁头对钞票的磁性进行检测,通过电路对磁性进行分析,可辨别钞票的真假。在磁性检测中,要求磁头与钞票摩擦良好。磁头过高则冲击信号大,造成误报;磁头过低则信号弱,造成漏报。通过控制磁头的高度(由加工和装配保证)和在磁头上方安装压钞胶轮可以满足检测需要。

3.红外穿透检测

红外穿透检测的工作原理是,用被固定的红外二极管传感器的发光管部分发出固定波长的不可见红外光,穿透经过纸币后,由对面的接收管接收到剩余光,以此对纸币的纸张和覆盖的印刷油墨的特性进行分析,并与标准值进行比较判断。利用人民币的纸张比较坚固、密度较高以及用凹印技术印刷的油墨厚度较大,因而对红外信号的吸收能力较强来辨别钞票的真假。真人民币的纸质特征与假币的纸质特征有一定的差异,用红外信号对钞票进行穿透检测时,它们对红外信号的吸收能力将会不同,利用这一原理,可以实现辨伪。需要注意的是,油墨的颜色与厚度同样会造成红外穿透能力的差异。因此,必须对红外穿透检测的信号进行数学运算和比较分析。

会计上经常使用具有鉴伪功能的点钞机鉴别真假人民币,主要采用磁性检测机进行检测。只要打开机器,将待检测的票币放入滑钞板,验钞机即可自动清点验钞,出现假币时,机器会发出特殊的声音警示。

(三)人民币鉴别中常见的几个问题

在人民币鉴别过程中,常常会遇到一些由于表面图案损伤或变形而受到怀疑的可疑票币,但这些票币并不属于假币,因此要仔细加以区别。

票币的纸幅或图案大小与票样不同。造成这种情况的原因有三方面：一是纸张厚薄规格不完全一致,纸张所受水分和压力大小不同,致使票币纸张伸缩度不同;二是截切方法掌握不一,因而花边四周的纸边也宽窄不一;三是钞票在流通中由于气温、湿度的变化和液体浸泡,也会影响纸张的伸缩性。因此,票币纸幅或图案大小方面的情况,在鉴别时,把一张钞票纵横折叠起来,与票样进行对照就能够发现问题。

票币的花纹墨色深浅不同或者墨色发生变化。一般来说,票币印刷所使用油墨的化学性质是比较稳定的,具有耐磨不易变色的特点。但这种稳定性也不是绝对的,在印刷中,由于纸张厚薄不同、印刷技术的原因或是原材料的差别,都会造成墨色有深有浅。而且票币在流通中遇到较强的酸碱物质时,油墨也会起化学变化。气候条件不同或存放不当,同样会引起墨色的变化。这类问题原因较多,情况复杂,因此,对这类票币进行鉴别时一定要特别注意。

二、常用外币及识别技术

(一)美元

美元是美国的官方货币,货币代码为 USD,美元的发行主管部门是国会,具体发行业务由联邦储备银行负责办理。自 1928 年发行小票幅美元以来,美元的图案设计、纸张、油墨和制版在一直保持原有风格和技术的同时,还不断加强了局部防伪技术。如 1963 年版美元纸钞统一正面黑色油墨磁性特征,1988 年版开始采用磁图分布技术,1990 年版加入聚酯安全线,1996 年版各票面聚酯安全线荧光反应颜色不同和使用红外机读防伪特征等。美元如图 4-1 所示。

图 4-1 美元

1. 美元的防伪特征

(1)纸张

美元所用纸张为高级乳白色钞票纸,在紫光灯下不泛荧光,是用棉麻纤维作为原料,主要是用碎布捣成浆,经过特殊工艺而制成。其特点是坚韧、挺括、耐用,纸张新时手拉有清脆声音,用旧后周边不起毛,手摸具有与其他纸张不同的感觉。自1885年起,美钞纸张内含有红蓝纤维丝,这是在造纸过程中散布进红蓝安全纤维。1928年以前的老版美元,纤维丝分布在钞票中间由上而下呈两条狭长带状,纤维丝较粗。1928年以后的各版钞票,纤维丝漫布全纸。自1990年起,美元纸张中(人像左侧)又加入了一条聚酯安全线,在垂直的安全线上有重复出现的、正反交替的微印字母"USA"和面额数字,平视时不显露,迎光透视时正反两面都能看见。

(2)油墨

美钞正面人像、花边、文字等是黑色油墨,其颜色为乌黑色,并带有柔润的光泽,用旧不变,如果将钞票油墨在白纸上摩擦,其颜色可稍有脱落,但丝毫不影响原来花纹图案的清晰,也不会使纸张的白底上有黑色油墨污染不清。1934年版以后,黑色凹印油墨中含有磁性物质。正面连号、库印的绿色油墨为翠绿色。背面绿色油墨因年版不同略有差异。1928年版和1934年版为深绿色,1950年版为草绿色,1963年版及以后各版均为墨绿色。

(3)制版印刷

目前流通的美钞正面人像、花边、文字、签字等均为雕刻凹印,库印、行印和连号均为凸印,背面图景、花边是用绿色凹印。美钞主要防护措施是依靠凹印,图案设计层次细微,色调随层次及雕刻深浅而变化。其特点是图纹清晰,具有三维效果,用手指划摸印迹有凸起的感觉。

图案中凹印线条的排列,往往是由深到浅,而后逐渐消失,主要表现在正面人像上。图案中凹印线条精细,有条不紊,从疏到密,密而不乱,看起来花纹图案有立体感,主要表现在花边纹路上。无论是正面人像还是背面图景,即使在光线最阴暗部位,也是由粗细疏密不同的线条构成,在光线极强部分,也是由细线虚线构成。由于凹版印刷需要高压,油墨有扩散现象,油墨外溢,线条带毛齿状,这是凹印的又一重要特征,需用放大镜才能看清楚。

自1990年版开始,美元又增加了缩微印刷文字,缩微字母的位置是在人像外框,环绕着肖像重复出现"THE UNITED STATES OF

AMERICA"英文字样,需用放大镜才能看清楚,这是彩色复印机分辨不清的字母,用肉眼直观似普通线条。

2. 如何鉴别真假美钞

鉴别美元真假也与其他货币一样,首要条件是熟悉真钞的特征,了解得越全面、越深刻越好,通过对比就能及时发现可疑票面,然后再进行全面细致的检查。

鉴别美元真伪有人工鉴别和机器鉴别。人工鉴别,也就是通过眼看、手摸、耳听及借助放大镜对钞票表面特征进行识别。机器鉴别是通过现代高科技手段对钞票的内在物理特征进行检查,确定真伪。多数美元假钞,人工都能鉴别,只有少数如 1996 年版百元精制伪钞难以识别,但有经验的银行工作人员也能识别。

(1)人工鉴别

当拿到美元时,先要分清是哪年版的钞票,再根据不同年版的特征进行识别。

(2)检查是否凹印

检查时,用手触摸图案线纹,要摸人像衣服和花边处有无油墨凸起感,手感明显的是真钞,平滑的是假钞。这是识别普通伪钞的有效方法,因为一般普通伪钞都是平版胶印的。

(3)检查人像

美元的人像雕刻十分讲究,人像点线的组合不仅表现人像的特征,而且人像的层次和立体效果符合人像的结构关系,纯熟的雕刻技法使人像神态栩栩如生。各种美元假钞各具特点,制作得再好,在人像上总有缺陷,因此观察头像线条的变化,就抓住了要害,这是及时识别假钞的关键。精制伪钞往往在人像线纹的细致处有破绽,而且这种破绽不易修改,要修改就得换版。检查人像线纹细微处的变化,是识别精致伪钞的重要方法。

(4)检查钞纸手感

检查纸张的厚薄度、坚韧度、挺括度、光滑度以及纸张的颜色。真钞纸是乳白色,假钞纸往往过白或浅绿。美元纸是棉麻布纹纸,要对光透视纸张的特征,查看透明度的不同。

(5)安全线的检查

对 1990 年以后的各版美元,尤其是新序列美元,要仔细查看安全线的位置、宽窄、透明度、缩微印刷文字。对 1996 年以后发行的新版美元,还要查看变色油墨数字,从正面看是绿色,倾斜看显黑色,手摸数字处有明显的凸感。缩微印刷文字,用放大镜查看文字是否整齐清楚。

(二)欧元

欧元(EURO)是欧元区内各国使用的统一货币。自1999年1月1日开始,欧元区内12个国家的货币逐步完成向欧元的转换,这些货币包括奥地利先令(ATS)、比利时法郎(BEF)、德国马克(DEM)、法国法郎(FRF)、爱尔兰镑(IEP)、意大利里拉(ITL)、卢森堡法郎(LUF)、荷兰盾(NLG)、葡萄牙埃斯库多(PTE)、西班牙比塞塔(ESP)、芬兰马克(FIM)、希腊德拉克马(GRD)。1999年1月1日,原欧洲货币单位(ECU)也以1∶1的汇率自动转换为欧元(EURO)。

欧元采用了多项先进的防伪技术,主要有以下几个方面:

1. 水印

欧元纸币均采用了双水印,即与每一票面主景图案相同的门窗图案水印及面额数字白水印。

2. 安全线

欧元纸币采用了全埋黑色安全线,安全线上有欧元名称(EURO)和面额数字。

3. 对印图案

欧元纸币正背面左上角不规则图形正好互补成面额数字,对接准确,无错位。

4. 凹版印刷

欧元纸币正面的面额数字、门窗图案、欧洲中央银行缩写及200欧元和500欧元的盲文标记均采用雕刻凹版印刷,摸起来有明显的凹凸感。

5. 珠光油墨印刷图案

5欧元、10欧元、20欧元背面中间用珠光油墨印刷了一个条带,不同角度下可出现不同的颜色,而且可看到欧元符号和面额数字。

6. 全息标识

5欧元、10欧元、20欧元正面右边贴有全息薄膜条,变换角度观察可以看到明亮的欧元符号和面额数字;50欧元、100欧元、200欧元、500欧元正面右下角贴有全息薄膜块,变换角度观察可以看到明亮的主景图案和面额数字。

7. 光变面额数字

50欧元、100欧元、200欧元、500欧元背面右下角的面额数字是用光变油墨印刷的,将钞票倾斜一定角度,颜色由紫色变为橄榄绿色。

8. 无色荧光纤维

在紫外光下,可以看到欧元纸张中有明亮红、蓝、绿三色无色荧光纤维。

9.有色荧光印刷图案

在紫外光下,欧盟旗帜和欧洲中央银行行长签名的蓝色油墨变为绿色,12 颗星由黄色变为橙色,背面的地图和桥梁则全变为黄色。

(三)日元

日元是日本的货币单位名称,创设于 1871 年 5 月 1 日,货币符号为"￥",国际标准化组织 ISO4217 的货币代码为 JPY。

日元发行的纸币有 1 000 日元、2 000 日元、5 000 日元、10 000 日元 4 种面额,硬币有 1 日元、5 日元、10 日元、50 日元、100 日元、500 日元 6 种面额。

比较特别的是,日元纸币的发行者是日本银行("日本银行券"),日元硬币的发行者是日本政府("日本国")。同时,与人民币不同的是,日元硬币不具有无限法偿能力,所以原则上在一次交易中同一面值硬币法定使用上限为 20 枚(即硬币原则上最大支付能力＝1 圆×20 枚＋5 圆×20 枚＋10 圆×20 枚＋50 圆×20 枚＋100 圆×20 枚＋500 圆×20 枚＝13 320 圆),超出部分商家有权依法拒收。

1.面额 10 000 日元的防伪特征

(1)正面凹印的人像套印在浅色底纹上,人像清楚自然。以细线刻制的人像,眉毛、眼珠每毫米处有 11 条细线。

(2)水印呈现黑和白,迎光透视非常清晰。

(3)盲文标记与其他国家盲文标记不同,是用圆圈制成,圆圈的右侧还有月牙形阴影,迎光透视清晰可见,手摸圈内圆点是凸起的,这不仅是盲文标记,也是鉴别真伪的重要特征。此标记,10 000 日元券是两个横的圆圈。

(4)大写金额用深版纹凹印,手摸笔画油墨凸出。

(5)缩印文字三种面额均加入"NIPPON GINKO"字样。其中 10 000 日元面额正面加在上边左右两端的阿拉伯面值之下,背面加在底下边缘波纹花纹图案之下。

(6)数字、文字中含有小白点。

(7)钞纸使用含棉成分较少的特殊合成纸张,含有日本特产三桠树皮浆,坚韧且具有特殊的光泽,颜色呈现淡黄色。

(8)正背面凹印部位的油墨带有磁性。印刷油墨采用防复印油墨,当用彩色复印机复印时,印出来的颜色与原钞票上的颜色不同,在紫外光下"总裁之印"印章呈荧光反应。

2.面额 2 000 日元的防伪特征

（1）凹版印刷：钞票正面主要图案、文字、数字均为凹印（比过去钞票印版纹要深）。

（2）缩微印刷：钞票正背面多处印有缩微文字"NIPPON GINKO"（"日本银行"字样）。

（3）变色油墨数字：钞票正面右上角"2000"面额数字采用变色油墨印刷，正视呈蓝色，侧视呈紫色。

（4）隐形面额数字：钞票正面左下角有一个圆形图案，将钞票置于与眼睛平行的位置，面对光源旋转一定角度，即可看到面额数字"2000"的字样。

（5）珠光油墨：在钞票正面左右两侧空白处用特殊油墨印有两条带状银条，倾斜一定的角度观察时，银条呈现醒目的粉红色。

（6）隐形字母：钞票背面右上角面额数字"2000"下方绿色底纹处，有一组隐形字母，与票面垂直角度观察时无字母显现，倾斜一定角度看可见"NIPPON"字样，6 个字母前 3 个字母是蓝绿色，后 3 个字母是淡黄色。

（7）荧光油墨：在紫光照射下，钞票正面部分图案可见荧光反应。正面"总裁之印"印章呈现橘红色荧光，背面"发券局长"印章呈现红色荧光。

（8）水印图章：古代牌楼，迎光透视清晰可见。

知识加油站

现钞和非现钞购汇

直接用人民币兑换美元或者其他外币，称为购汇，一年内，个人能到各个银行兑换的总额限制为 5 万美元。如果是汇款，或者非现钞购汇，绝大部分银行网点或者手机银行都可以完成。如果是现金购汇，换的是美元，一般银行支行都可以兑换到；如果是欧元、日元等货币，最好去四大行换购，因为这些货币银行储备一般较少，所以选择大银行兑换非美元外币可行性更高。

三、处理假币

发现假人民币的处理方法：单位的财会出纳人员在收付现金时发现假币，应立即送交附近银行鉴别。单位发现可疑币不能断定真假时，发现单位不得随意加盖"假币"戳记和没收，应向持币人说明情况，开具临时收据，连同可疑币及时报送当地人民银行鉴定。经人民银行鉴定，确属假币时，应按发现假币后的办法处理；如确定不是假币，应及时将

假币的处理

钞票退还持币人。广大群众在日常生活中发现假币,应立即就近送交银行鉴定,并向公安机关和银行举报及提供有关详情,协助破案。银行收到假币时,应按规定予以没收,并当着顾客面在假币上加盖"假币"戳记。同时开具统一格式的"假人民币没收收据"给顾客,将所收假币登记造册妥善保管,定期上交中国人民银行当地分支行。假币没收权属于银行、公安和司法部门。其他单位和个人如发现假币,应按上述办法处理或按当地反假币法规所规定的办法处理。

学思同行

> 要对假钞迅速做出正确的判断,必须采取两种方法:一是凭借工作中不断积累的识别假钞的经验;二是借助仪器检测。无论采用哪种识别方法,都必须对人民币的内涵了解清楚,掌握人民币防伪的基本特征,这是反假币应具备的基本功。

实训演练

一、人民币的鉴别训练

(一)实训目的
熟练掌握第五套人民币的防伪特征。

(二)实训要求
能够快速、准确地找出第五套人民币的识别点及其在票面中的位置。

(三)实训过程
把学生分为两组,分别根据 100 元和 50 元纸币的防伪特征找出识别点及其在票面中的位置,然后交换进行。

表 4—1　　　　　　　　人民币鉴别训练考核表

实训评价等级	实训评价标准
优	3 分钟内能迅速说出人民币 12 个识别点的名称及其在钞票中的位置
良	5 分钟内能迅速说出人民币 12 个识别点的名称及其在钞票中的位置
合格	10 分钟内能迅速说出人民币 12 个识别点的名称及其在钞票中的位置

二、残损人民币的挑剔与兑换

(一)实训目的

熟练掌握残损人民币的挑剔与兑换标准。

(二)实训要求

能够快速、准确地判断残损人民币。

(三)实训过程

(1)给学生播放各种残损币的图片;

(2)把学生分成小组,要求学生在规定的时间内辨别残损币是否需要挑剔和兑换;

(3)根据图片分别说出残损人民币挑剔和兑换的标准。

三、假钞的鉴别

(一)实训目的

通过测试,让学生掌握人民币的防伪特征与一般识别方法。

(二)实训要求

能够快速、准确地识别假钞。

(三)实训过程

(1)以小组为单位,将网上收集到的假钞图片提供给各组学生鉴别;

(2)学生从人民币防伪特征上寻找突破口,发现伪造的蛛丝马迹;

(3)各小组总结记录假钞的种类、伪造的特征以及快速识别技巧,测试时间5分钟。

表 4—2 假钞识别记录表

币值	假币种类	识别方法	伪造特征
100元			
50元			
10元			
5元			
1元			

项目五
会计实务技能

学习目标 ⫽

素质目标

1. 加强学生对会计资料整理的认知。
2. 培养学生严谨细致、勇于吃苦、甘于寂寞和奉献、遵规守矩以及团结协作的精神。

知识目标

1. 了解财务印章的保管和使用。
2. 掌握会计凭证的整理和装订要求。
3. 熟悉保管会计档案的期限及要求。

技能目标

1. 能够规范保管和使用财务印章。
2. 能够正确进行会计档案的整理和装订。
3. 能够正确、规范保管会计档案。

案例导入

财务用章保管和使用的重要性

审计人员在审计过程中发现某单位会计利用单位财务管理混乱，通过偷开支票贪污 100 多万元公款的事实。

该单位内部控制制度形同虚设，落实不到位。财务人员间相互监督失灵。出纳只管现金却不管存款，空白支票和单位财务专用章、法人名章有时在财务科长手上，有时在会计手上，因此，会计要偷开支票易如反掌。该单位内部审计工作由会计负责，会计既管账又管存款，自己审自己，最终导致会计挪用巨款多年都未被发现。此种因单位印章管理不严而导致犯罪的案例屡见不鲜，那么，应该如何从源头上杜绝呢？

任务一　保管财务印章

【任务描述】

2022 年 1 月 4 日，中国证券监督管理委员会北京监管局向 HTAP 公司下发了《关于对 HTAP 集团股份有限公司、BL 采取责令改正措施的决定》（行政监管措施决定书〔2021〕239 号）。HTAP 公司印章管理存在无公章使用台账、印章终审人员与制度规定不符、未经终审人员审批即用印、用印审批意见不一致、用印文件或附件有涂抹且未对涂抹部分进行说明或者签字、经办人员代签、用印审批流程不全、公章使用审批表有 2 个版本、西藏 HTAP 等子公司用章管理不规范等问题。由此可见财务印章正确保管的必要性。

本任务我们就来学习财务印章的保管。

【任务实施】

保管财务印章

财务印章应当指定专人保管，不得私自带出印章，放入保险柜管理等。

一、印章、印鉴的基本知识

（一）印章

印章是印和章的合称，是指国家机关、社会团体、企事业单位和个人，为证实有关文书的真实性、有效性而刻制的署有本单位或个人名称的一种印记。印章由印柄、印面组成。

　　印章是组织机构经营管理活动中行使职权、明确组织机构各种权利义务关系的重要凭证和工具,是国家机关、企事业单位、社会团体的重要证明标志,是进行公务活动的重要凭证,是某种组织或个人的权力使用,是组织机构权力的象征物。

　　印章历来是信用的证物和权力的象征。在中国古代,印是官府掌权人的印章,是权力的象征;帝王的玺印象征着皇室至高无上的权威,是朝廷事务活动所依赖的重要信物。"印"和"章"便是权威的象征,代表着一定的职能和权力。

　　今天,印章的应用更加广泛,在公务及交易等社会经济活动中,印章经常出现在合同、凭证、票据证明及各种重要的书面文件中,是企事业单位及个人对外进行社会经济活动重要的诚信凭证和法律依据,在各个领域中起着举足轻重的凭证作用。印章如图5-1所示。

图5-1　印章

(二)印鉴

1. 印文、印鉴的概念

印面上的文字粘上印泥盖印出的印痕,称为印文。一定的组织机构和个人,因某种专门用途,预盖一个印文留给有关的对方,供核对、验证用的,称为印鉴。印鉴如图5-2所示。

2. 预留印鉴

企业在银行开设账户,开户时需要在银行预留印鉴,也就是公章或财务专用章和法人代表名字的印章(或者是其授权的一个人名字的印章,俗称"小印")。预留的公章或财务专用章、法人章,即预留印鉴。

图 5—2　徐悲鸿印鉴

单位在存款、汇款、开出支票时,这些票据上盖的章与预留在开户银行的公章或财务专用章、法人章完全相同时,银行方可办理业务。印鉴要盖在一张卡片纸上,留在银行;预留印鉴卡片一式三份,一份交客户留存,一份与开户资料一并专门保管,一份交印鉴卡管理员保管。

预留印鉴须清晰,易辨别,易审核。预留印鉴上的签章可以是签名、盖章或签名加盖章。预留印鉴时,必须使用朱红印油,且不得使用原子印章,因为原子印章用久了会严重变形从而导致银行审核票据时无法核对真伪。

3. 更换预留印鉴的方法

各单位因印章使用时间久发生磨损,或者因改变单位名称、人员调动等原因需要更换印鉴时,应填写"更换印鉴申请书",由开户银行发给新印鉴卡。单位应将原印鉴盖在新印鉴卡的反面,将新印鉴盖在新印鉴卡的正面,并注明启用日期,交开户银行。在更换印鉴前签发的支票仍然有效。

自古以来,中国人习惯用印信来表示信用。使用印章时粘上印泥,然后往纸上一盖就可以了,起关键作用的就是纸上留下的那个印记。一些不法分子利用印章具有的职能和权力,用伪造、私刻、偷盖等手段达到某些不可告人的目的,严重干扰和破坏了组织机构正常的管理活动和信誉,破坏了社会管理秩序。预留印鉴,可以防范风险隐患,保障银行和客户的资金安全。

二、企业印章的种类

企业在与外界交往时离不开印章。企业印章种类众多、形状各异,有圆形的、椭圆形的、方形的等。在日常的业务往来中,该盖何种"章",是会计工作人员应该掌握的基本用章、用鉴技能。

(一)企业印章的重要性

企业印章是企业身份和权力的证明,是企业信誉的象征。盖有企业印章的文件,是受法律保护的有效文件,同时意味着企业对文件的内容承担法律责任。而滥用印章,如随意加盖公章,则可能使企业承担相应的义务,造成不应有的损失。

企业印章是企业对外进行社会经济活动的诚信凭证与法律依据。印章的使用管理,关系到企业正常经营管理活动的开展,甚至影响到企业的生存和发展。

(二)企业印章的使用范围

(1)凡属以企业名义对外发文开具介绍信、报送报表等,一律需要加盖企业公章;

(2)凡属企业内部行文通知等,使用企业内部印章;

(3)凡属企业部门与部门业务范围内的工作文件等,加盖部门印章;

(4)凡属经营类的合同协议等文本,一般使用企业合同专用章或企业法人公章;

(5)凡属财务会计业务的,使用财务专用章。

(三)企业印章的种类

企业印章的种类主要有单位公章、财务专用章、合同专用章、发票专用章、法人章、报关专用章等。公章在所有印章中具有最高效力,是法人权力的象征。

1. 公章

公章是企业按法定程序经工商行政管理部门注册登记后,在所在地公安部门登记备案,对外具有法人效用的企业正式印章。公章代表一个组织的正式署名,是单位处理内外部事务的印鉴,凡以单位名义对外的正式信函、公文、介绍信、文件、确认书、借款与担保报告等,可申请盖公章。

没有加盖公章的文件和指令是无效的,盖了公章的文件具有法律效力。公章由办公室专人统一保管,不得私自用章。如果私刻公章用于牟取不法利益,属于诈骗行为或贪污行为。企业公章的刻制,必须经过公安机关的审批,到指定的机构制作,并进入公安部印章管理信息系统存档,以便实现全国联网检索、鉴别。

国家行政机关和企事业单位、社会团体的印章为圆形,直径不得大于4.5厘米,中央刊国徽或五角星,公章都为红色,外资企业的公章为红色或蓝色。公章如图5—3所示。

图 5—3 公章

2. 财务专用章

财务专用章是企业处理财务事务所使用的印章,主要用于财务结算,开具收据、发票(有发票专用章的除外)。给银行的印鉴必须留财务专用章,它能够代表公司承担所有财务相关的义务,享受所有财务相关的权利。财务专用章一般由企业的专门财务人员,如财务主管或出纳管理。

财务专用章有的是方形,有的是圆形或椭圆形,尺寸大小和形状各省都有不同的规定。

财务专用章必须保存在安全的地方,并且经常检查,非保管人员不得使用;不经主管财务的领导同意,不得携章外出。按照规定,公章和财务专用章不能由同一个人保管,也不能放在一起,如果被盗盖支票,后果相当严重。财务专用章如图 5—4 所示。

图 5—4 财务专用章

3. 合同专用章

合同专用章是单位、集体、企业用于签订合同时盖的专用章,属于必备用章之一。在合同上加盖合同专用章是指合同当事人经过协商,在达成的书面合同上各自加盖本公司的合同专用章的行为。合同专用章仅限于企业与外部签订商务合同时使用,如购销合同等。

合同专用章一般是圆形的,外资企业合同专用章印迹样式为椭圆形。不同企业印章的尺寸有不同的规定。

合同专用章需要提供单位的资料,并在公安局备案之后方能刻制,只有备案的合同专用章才具备法律效力。如果单位没有合同专用章,则应使用公章,公章可代替合同章,但合同章不能代替公章。有些企业因业务需要,须刻多枚合同专用章,这时印章下端应加刻编号,印文使用简化的宋体字。合同专用章如图5—5所示。

图5—5　合同专用章

4. 发票专用章

发票专用章是专门用于盖在发票上的印章,不能用于任何一项商业活动和商业经营。企事业单位和个体工商业户在购买和开具发票时,须加盖财务专用章或发票专用章。财务专用章可代替发票专用章,但发票专用章不可代替财务专用章。

发票专用章是指没有(或者不便使用)财务专用章的单位和个体工商户,按税务机关统一规定刻制的,在领购或开具发票时加盖有其用票人名称、发票专用章、税务登记证号码字样的印章。

发票专用章的式样为椭圆形,长轴为45毫米,短轴为30毫米,边宽为1毫米;上半行刻单位或个体工商户的全称,第2行刻税务登记证号码,第3行刻"发票专用章"字样;印章字体大小由各市、县地方税务局确定。财务专用章、合同专用章和发票专用章等在名称、式样上应与单位正式印章(即公章)有所区别,在单位登记后,须经过工商管理部门批准,并经过公安机关备案才可以刻制。发票专用章如图5—6所示。

图 5-6　发票专用章

5. 法人章

法人章在规定的用途内使用,如税务申报、开支票等。在法律上,盖章是法人的行为,而不是一个自然人的行为;法人章如果单独使用则只代表法人自己,与公章一同使用就代表企业行为。如果印章所有人基于自己的意思将印章交与他人使用,则具有授予他人代理权的法律效果,印章所有者必须为该意思的内容承担责任。法人章一般是方形的,经常与财务专用章一起使用。法人章如图 5-7 所示。

图 5-7　法人章

6. 报关专用章

(1)进出口货物收发货人报关专用章

进出口货物收发货人是指依法直接进口或出口货物的中华人民共和国关境内的法人、其他组织或个人。进出口货物收发货人在海关办理注册登记后,可以在中华人民共和国关境内各个口岸地或海关监管业务集中的地点办理本企业的报关业务。进出口货物收发货人的报关专用章可以在全国各口岸地或海关监管业务集中地通用。有多枚报关专用章的,必须在海关注册编号后依次编号。报关专用章必须在注册地海关备案方可启用。进出口货物收发货人报关专用章的形状为椭圆形,长 50 毫米,宽 36 毫米。

(2)报关企业报关专用章

报关单位向海关递交的纸质进出口货物报关单必须加盖本单位的

报关专用章。报关专用章启用前应向海关备案,并按照海关总署统一规定的要求刻制。报关企业的报关专用章,仅限在其标明的口岸地或海关监管业务集中地使用,报关企业在报关口岸的报关专用章仅限一枚。报关企业报关专用章的形状为椭圆形,长50毫米,宽36毫米。该章的第1行内容是企业注册全称;第2行内容是印章使用口岸地或海关监管业务集中地名称;第3行内容是"报关专用章"字样。报关专用章如图5-8所示。另外,企业自行刻制的其他业务章,如物资进出库专用章、档案专用章、招标业务专用章、投标专用章等,还有企业隶属各级职能部门、基层单位的公章等,主要是在企业内部使用的,或者是在企业集团内部、上下级对口业务部门之间使用的,一般来说,不能在企业外部使用。这些内部章的加盖仅是对该事实的确认,例如档案专用章盖在合同上,这样的合同就不具有任何的法律效力。

图5-8 报关专用章

知识加油站

关于印章的几个法律观点

如果是没有权限的人,使用真印章也不产生法律效力。

如果是有权限的人,使用假章也产生法律效力。

如果是公司借给他人随意使用印章并签订了担保合同的,该印章的担保合同有法律效力。

三、财务印章的管理

(一)财务印章的种类

单位由财务部门保管的印章主要包括四种:本单位的财务专用章、财务部门公章、分管财务负责人(或法人)的名章和出纳经办人员的名章。

从银行管理的角度出发,为了便于印鉴的核对,减少柜面的工作压力,根据中国人民银行的规定,单位预留印鉴,原则上为单位财务专用章和单位财务负责人名章各一枚。不过从单位角度出发,银行印鉴还是以三枚为好,从左至右分别为本单位的财务专用章、分管财务负责人(或法人)的名章、出纳经办人员的名章,在规格上也应从左至右由大到小,以显得美观。

各种印章都有其具体的用途:

1. 单位财务专用章

该章是代表单位行使财权的公章,表示对付款的经济责任。

2. 分管财务负责人(或法人)的名章

该章表明单位领导人员之间的明确分工,一旦出现问题,可以追究分管领导的个人责任。

3. 出纳经办人员的名章

该章表明在会计人员中有明确的分工,坚持"谁经手,谁负责"的原则。如有工作出现变动,应随时更换印鉴,以分清责任。

(二)财务印章的保管

1. 指定专人保管

支票和印鉴必须由两个以上的财务人员分别保管,不得全部交由出纳一人保管。涉及资金安全的会计印章,应当有必要的安全保管措施,避免出现印章无人监管的情况,并严禁一人保管支付款项所需的全部印章。财务印章由财务部门指定人员负责保管,预留银行印鉴必须分人保管。

(1)法人章由财务部经理(或指定负责人)保管使用。

(2)财务专用章由财务总监(或指定负责人)保管使用。

(3)现金付款章由出纳员保管使用。

(4)现金收讫章、转讫章由出纳员保管使用。

(5)会计人员人名章由本人自行保管使用。

(6)企业名称及账号条形章由销售部门或出纳员保管和授权使用。

(7)发票专用章由财务总监保管使用。

2. 不准私自带出印章

一般而言,各种印章不允许带出单位,确因工作需要将印章带出使用的,应事先在借用备查簿上登记,经财务主管批准后才能带出。会计印章保管人员应当在规定用途和范围内授权用印,不准交由非责任人用印,不准在空白单证及纸张上用印;保管人员在使用印章时,要确切了解用印的内容,避免只看签字、不看用印内容就盲目盖印的情况发生。

3.放入保险柜保管

印章的保管必须安全可靠,各种印章应与现金的保管方式相同,不得随意放入抽屉内保管,这样极易使违法违纪人员有机可乘,给国家和单位造成不必要的经济损失。

4.财务印章的交接

当财务人员调动或调岗时,须办理印章交接手续,交接财务印章及相关资料。一般财务人员印章交接由财务主管负责监交,财务主管办理交接由企业总经理监交。交接书上应记录印章交接的时间、枚数、名称,并在相应位置加盖所交接印章的印模。

5.财务印章的更换、废止

因机构变动或组织更名等原因而停止使用原印章时,本单位应出具补刻印章申请证明书,同时须把旧印章交回制发机关切角封存或销毁,不能随便弃置。印章发生损坏、损毁时,应及时上报主管上司,申请报废,并重新制作。

申请时须持营业执照复印件、法定代表人身份证复印件各一份和经办人身份证复印件两份,由企业出具旧印章销毁证明、法人授权委托书。此外,营业执照成立日期与发证日期不一致的,须提供工商变更核准通知书复印件一份。(注:原公章未在公安机关备案的,不接受部门章及专用章备案,必须先把公章在公安机关备案,方可再接受其他印章的备案。)

四、电子印章

随着网上交易活动的发展,在有纸化办公向无纸化办公转变的历程中,传统印章已渐渐不能适应信息社会的新形势。近年来,假印章及利用假印章办理的假证件泛滥,成为社会公害,并造成了巨大的经济损失和社会信用缺失。将数字认证技术应用于印章治安管理,利用电子印章从审批、制作、应用等环节确保持有者身份的真实可靠,成为杜绝假证假章泛滥的治本之举,并为科学规范印章的管理及使用提供了技术支持。

(一)电子印章基本知识

随着电子信息技术的飞速发展,信息网络已遍及当今社会的诸多领域。对于电子政务来说,无纸化办公已经提上日程,如何保障电子公文的合法性和唯一性、防非法篡改等成为亟待解决的问题。在将传统的纸页信息处理过程搬移到电子信息处理平台时,人们开始关注纸页印章(签名)的作用在电子政务系统中如何保持。电子印章是传统印章图形与公钥技术相结合的产物,是数字签名可视的表现形式。

我国于 2005 年 4 月 1 日起正式实施《中华人民共和国电子签名法》。随着《中华人民共和国电子签名法》的颁布与实施,电子印章也开始热了起来。根据《中华人民共和国电子签名法》第十四条规定,可靠的电子签名与手写签名或者盖章具有同等的法律效力。

1. 电子印章的概念

所谓电子印章,其以电子形式存在,依附于电子文件并与其逻辑相关,可用以辨识电子文件签署者身份及表示签署者同意电子文件内容。电子印章是将传统印章的印迹通过高科技进行加密,以数字认证存储介质方式在互联网中应用的电子版的印章。

电子印章工作原理是,将电子公文和电子印章图形用数字签名绑定来解决电子公文的不可抵赖性和完整性。其基本流程为:将待发的电子公文内容和电子印章图形进行散列,产生文档摘要,然后用"盖章"者的私钥对产生的文档摘要进行签名,将签名值、编码后的证书、签名时间都储存在电子印章中。接着把签名后带有印章图案的文档发给公文阅读者;公文阅读者从电子印章中取出"盖章"者的公钥和签名后的摘要来进行验证,并将当前所得到的电子公文通过散列算法来创建摘要。最后,比较两份摘要,如果匹配,则电子公文来自"盖章"者且在传输过程中没有被篡改。电子印章主要用于对已编辑完成的文件、表格、图像、合同等电子文档进行直观盖章,就像使用物理印章对纸质文件、表格、图像、合同盖章一样。电子印章存储在一个 U 盘大小的智能钥匙中,只要保存好这个硬件,外界就没有仿制的机会。即使电子印章丢失,用户也可以凭密码到电子印章中心挂失,重新制作电子印章;而传统印章即便是及时挂失,也难免在挂失前被非法使用。

电子印章实际上是用一种信息技术来代替传统的印章,是现代密码技术对电子文档的电子形式的签章。这种技术可以直接在特定的电子文档上盖章,使人们不必再将这些文件打印后来回两地邮寄,从而提高了效率、降低了成本,并改善了使用安全性。

电子印章技术是一种非常先进、非常复杂的技术。真正的电子印章是以先进的数字技术来模拟传统实物印章,其管理、使用方式与实物印章相似,加盖的电子文件与实物印章加盖的纸质文件具有相同的外观、相同的有效性和相似的使用方式。

2. 电子印章的应用特征

电子印章是电子签名的有效表现形式,当用电子签名技术验证某份电子文书的真实性时,才能正常显示电子印章。电子印章必须存储在可移动的、安全的介质(如 USB 智能钥匙)中,在使电子印章实物化的同时,不能被随意使用,并能防止被非法盗用。

一个实物印章只能对应一个电子印章,同一印章不能同时存储在多个有效的实物载体中,即电子印章与传统印章一样,是不允许有备份的。电子印章的使用应满足《中华人民共和国电子签名法》中对电子签名本身及电子文书的各项规定和要求。

3. 电子印章的安全特点

(1)审批制作严格,难以伪造,具有不可复制性。

(2)不可否认性。

(3)事前查询性。

(4)安全防盗性。

(5)高效率、低成本。

(6)便于系统管理和监督检查。

(7)有利于对印章的动态管理。

4. 电子印章与电子签名的关系

电子签名是电子形式的数据,是与数据电文(电子文件、电子信息)相联系的用于识别签名人的身份和表明签名人认可该数据电文内容的数据。它以数字签名的方式通过第三方权威认证有效地进行网上身份认证,帮助各个主体识别对方身份和表明自身的身份,具有真实性和防抵赖功能。电子印章(利用隐藏技术将数据隐藏在电子印章的图像中)是电子签名技术的一项应用,是电子签名的一种具体表现形式,即给电子文书加盖电子印章使电子签名可视化。电子印章将电子签名技术变成了人们习以为常的签名盖章方式,两者的关系如下:

电子签名是手写签字的扫描图片,电子签名制作的时候是图片与数字证书绑定,并且可以调整位置和大小;电子印章的原始大小是不可调整的,并且是受保护的,同样是由第三方颁发的证书与印章的图片绑定。

使用签名和印章的扫描件制作出电子签名文件,存储到智能钥匙中,每次签名时,需要将智能钥匙插入 USB 接口才能进行操作。

5. 电子印章与传统印章的比较

(1)共同点

①具有相同的视觉效果。

②不允许存在两个(或以上)有效的电子印章实体,即不允许有备份。

③使用管理方法相同。

④在满足有关法律的前提下,电子印章具有与传统印章相同的法律效力。

(2)不同点

①传统印章有相关的管理法规,而电子印章的相关管理法规尚未出台。

②所基于的防伪技术不同。电子印章基于数字签名技术,真正实现了难以假冒,因而安全性更高。

③电子印章通常只用于电子文书。

④通过普通打印机将带有电子印章的电子文书打印在纸介质上时,其法律效力相当于原件的复印件。

⑤通过专控打印机将带有电子印章的电子文书打印在纸介质上时,其法律效力目前还只限于系统内部。

(二)电子印章的申请和使用

1. 电子印章的申请

使用电子印章的组织(或个人)首先必须填写申请信息,并持营业执照、法定代表人身份证、委托书等原件,到公安机关办理审批手续;对电子个人人名章,则由公安审批机关调查户籍管理信息后予以审核批准。所有审核、认证、制作的人员都要有授权,才可进入全程监控的计算机管理系统。在履行完正常手续并确认无误及合法的情况下,才能为申请者制作电子印章,并将制作好的电子印章导入特定的存储介质,如 USB 智能钥匙或 IC 卡等,并提交给申请者。

电子印章产品提供商在给用户提供电子印章的同时,还会提供一套电子印章客户端系统。这套系统应该安装在电子印章保管者所使用的终端计算机中。电子印章客户端系统的主要作用就是盖章、验章及电子印章管理。

2. 电子印章的使用

电子印章的使用方式与传统印章基本相同。首先需要有一套专用的电子印章客户端系统,该系统由电子印章管理平台(电子印章中心)提供并安装在特定的计算机终端上。接下来的步骤如下:

(1)得到有关主管领导的批准;

(2)将存有电子印章的实体(如 USB 智能钥匙)插入计算机终端的 USB 接口;

(3)启动电子印章客户端系统;

(4)读取需要加盖电子印章的电子文书;

（5）在电子文书中需要加盖电子印章的地方单击，然后单击工具栏中的"盖章"按钮；

（6）系统提示输入电子印章 PIN 码。

（三）电子印章在应用中存在的问题

首先，应解决企业电子印章的安全性问题。这是企业电子印章能不能得到复制推广的前提条件。尤其是在基于互联网各种违法犯罪居高不下的情况下，要想使用和推广企业电子印章，必须做好应对各种风险的保障和预案。一方面，要从技术上保障企业电子印章运行安全，通过应用电子信息安全技术，防范和化解可能出现的各种风险；另一方面，要从制度上保障电子印章使用安全，明确责任主体、落实管章用章责任，确保电子印章使用不出纰漏。

其次，应解决企业电子印章与传统印章"兼容"的问题。可以肯定，在未来很长一段时间内，传统印章仍然不会全部退出历史舞台，而是会与电子印章一道前行。在这一过程中，如何实现电子印章与传统印章的相互支持、相互协调就显得格外关键。

最后，应不断提高企业电子印章的可操作性。在保障用章安全的基础上，进一步优化用章流程，提高用章效率，确保企业电子印章使用简便快捷。

任务二　使用财务印章

【任务描述】

长期以来，公章对于公司来讲是一个法定代表标志，是对外活动的象征。企业由于公章滥用而卷入法律纠纷的案件比比皆是。根据统计，每年因公章管理问题造成的直接经济损失就高达 1 274 亿元，95％的企事业单位存在公章被员工盗用、滥用或复制的现象。正确、规范地使用财务印章对于公司正常运营极其重要。

本任务我们就来学习如何正确使用财务印章。

【任务实施】

使用财务印章需要了解财务印章的使用要求，交接、更换和挂失财务印章以及识别假公章。

使用财务印章

一、财务印章的使用要求

(一)财务印章的使用范围

财务专用章主要用于在银行开户、办理日常会计收付款业务以及与资金有关的票据,包括收款收据、现金支票、转账支票、资金汇兑业务等。在需要使用财务专用章时,主管会计应认真审核经济业务内容,然后才能加盖此章。

使用财务印章必须基于发生的真实、合法、手续完备的财务会计业务。加盖财务印章时,应加盖于规定的位置。禁止非财务事项加盖财务印章,严禁财务印章外借。因特殊原因(事项)需使用财务印章的,必须填写财务印章使用审批单,经企业总经理和财务主管批准后方可使用。另外,要建立财务印章使用登记簿,对每一笔因特殊事项加盖财务印章的情况应该进行登记,注明使用对象、使用事项、经手人、金额及其他事项。

(二)财务印章的具体使用要求

1. 不得随意使用印章

印章保管人员应严格按照规定用途使用印章。应对予以盖章的文件内容和印章使用单上载明的情况核对无误后,方可盖章。

2. 印章的盖法

印章保管人员盖章时精神要集中,用力要均匀,盖章时不要晃动,用力按下后垂直抬起。不能有缺角、毛边等情况,不能重叠,盖好后不要立即碰触盖章处。使盖出的印章端正、清晰、美观,便于识别。

3. 印鉴的使用

(1)签发现金支票

现金支票一般用于单位内部提现。在支票中央靠下的位置即出票人签章处加盖所有的预留银行印鉴(即单位财务专用章、法人名章和出纳经办人员名章,有的单位预留印鉴不止两个,只要是预留印鉴都盖上),然后翻到反面在支票背面"被背书人"栏内同正面一样加盖所有的预留银行印鉴。

(2)签发转账支票

转账支票一般是对外使用。转账支票的正面盖章与现金支票相同。转账支票的背面"被背书人"栏不用再盖章。

(3)收到转账支票

对于收到的转账支票,在支票背面"被背书人"栏内加盖本单位所有的预留银行印鉴。

（4）收到背书转账

在支票的背面"粘贴单处"粘一张统一格式的银行粘单，再在支票和粘单的粘接处加盖预留银行印鉴（盖骑缝章），然后在粘单的第一个"被背书人"栏内加盖所有的预留银行印鉴。

（5）填写汇兑凭证

汇款人委托银行办理汇兑，应向汇出行填写汇兑凭证，填写完各项内容后，要在汇兑凭证的第二联上加盖预留银行印鉴。

（6）收款人领取汇款

汇兑凭印鉴支取的，收款人必须持与预留银行印鉴相符的印章，经银行验对无误后，才能办理支款手续。

二、财务印章的交接

一般来说，办理公章交接，必须当事人同时在场，另外有见证人两人。交接表一式三份，表上有交接的公章印鉴一个，各自都要签字、署名以及注明交接年月日，且见证人也要签字，交接人各一份，存档一份。

知识加油站

财务交接注意事项

（1）避免交接人独立处理各类业务，避免交接人仅在交接日的最后一天简单交接各类资料。

（2）了解岗位职责，并制定交接工作进度表及交接清单。

（3）必须有第三人在场，作为监交人。双方交接完毕一定要有交接清单，至少三人签字。

（4）办税人员和财务负责人离职时，必须办理税务登记中办税人员和财务负责人的变更登记。合理划分责任，避免职业风险。

（5）交接工作前需要做好准备工作，如登记凭证、计算余额，对未确定的事项和遗留问题写出书面证明材料；编制移交清单表，注明会计资料数量和存放地点等。

三、财务印章的更换和挂失

（一）印鉴的更换

各单位因印章使用时间久发生磨损，或者因改变单位名称、人员调动等原因需要更换印鉴时，应填写"更换印鉴申请书"，由开户银行发给新印鉴卡。同时须把旧印章交回制发机关切角封存或销毁，不能随便弃置。印章发生损坏、损毁时,应及时上报主管上司,申请报废,并重新制作。

单位应将原印鉴盖在新印鉴卡的反面,将新印鉴盖在新印鉴卡的正面,并注明启用日期,然后交开户银行。在更换印鉴前签发的支票仍然有效。

(二)印章的挂失

各单位预留银行印鉴的印章遗失时,应当出具公函,填写"更换印鉴申请书",由开户银行办理更换印鉴手续。遗失个人名章的,由开户单位备函证明;遗失单位公章的,由上级主管单位备函证明。各单位经银行同意后,按规定办理更换印鉴,并在新印鉴卡上注明相关情况。

四、假公章的识别方法

印章是证明国家、政党、公司、社团等单位组织身份,代表其权益,具有法律效力的重要凭证。社会上一些人对各种假证的需要,为伪造印章提供了巨大的市场。犯罪分子置国家法律于不顾,把伪造印章作为牟取暴利的手段。根据《刑法》相关规定,伪造或变造公文、印章属于犯罪行为。

鉴别印章、印文的真伪,是文件检验经常遇到的问题。随着电子技术的提升,电脑雕刻、制版及扫描制作相对容易,伪造出的印文极其逼真,这需要会计人员熟练掌握识别各种公章伪造的方法。

(一)从公章字体、名称排列方向识别

如果公章有下列情形之一,则可能是假公章:

(1)民族自治区公章不使用民族文字或者使用非当地政府通用的民族文字。

(2)公章字体使用国务院已明令废止的简化字或国家未正式通用的个别简化字。

(3)公章字体使用非汉字字体。

(4)公章名称非法定名称或采用非通用的简称。

(5)公章名称该加冠的未加冠。

(6)公章字体的排列顺序不符合规定。

(7)印文中字体大小不一、高低不一、疏密不一。

(二)从公章所处位置识别

有下列情况之一的,有可能是假公章:

(1)证件的照片上未见公章或照片上的公章与照片外的公章不相吻合。

(2)文书上的公章未盖在日期之上或显然是先盖章后填写日期。

（3）公章显得过于偏离中心甚至是倒过来盖的。

（三）从公章的外圆圈线效果识别

真公章的外圆圈线圈形圆,圈线粗细适当且均匀,其印文显得平滑清晰、粗细一致。假公章常会出现粗细不均、圆圈不圆、线条毛糙、时断时续、时轻时重、模糊不清等现象。

（四）从业务专用章的使用范围识别

单位内部不同部门的专用印章,如果将之用于办理该业务之外的事,就应当注意法律效力。例如,档案专用章盖在合同上,那么签订的合同就不具有任何的法律效力。

（五）从公章的防伪暗记或标记识别

对于一些单位设有防伪暗记或标记的公章,应特别注意所持公章是否有暗记或标记,以及暗记或标记是否相符。

中国智慧

传承中华千年文化：印章上的艺术

中国的雕刻文字,最古老的有殷的甲骨文、周的钟鼎文、秦的刻石等,凡在金铜玉石等素材上雕刻的文字通称"金石"。玺印即包括在"金石"里。玺印的起源说是商代,至今尚无定论。根据遗物和历史记载,至少在春秋战国时已出现,战国时代已普遍使用。起初只是作为商业上交流货物时的凭证。秦始皇统一中国后,印章范围扩大为证明当权者权益的法物,为当权者所掌握,作为统治人民的工具。

战国时期,主张合纵的名相苏秦佩戴过六国相印。近几年来,出土的文物又把印章的历史向前推进了数百年。也就是说,印章在周朝时就有了。

传世的古代玺印,多数出于古城废墟、河流和古墓中。有的是战争中战败者流亡时所遗弃,也有在战争中殉职者遗弃在战场上的,按当时的惯例,凡在战场上虏获的印章必须上交,而官吏迁职、死后也须脱解印绶上交。其他有不少如官职连姓名的,以及吉语印、肖形印等一般是殉葬之物,不是实品。那些在战国时代的陶器和标准量器上,以及有些诸侯国的金币上,都用印章盖上名称和记录上制造工匠的名姓或图记性质的符号,也被流传下来。

中国印章源远流长,以独一无二的艺术形式和丰富深邃的文化内涵,屹立于世界文化之林,闪耀着华夏民族的智慧。

任务三　整理原始凭证

【任务描述】

　　小钟是财会专业大一的一名学生,暑假期间,为了加深对专业的了解,去了会计师事务所进行实习。李明是小钟的工作导师,为了让小钟尽快了解行业的工作状态和流程,就把整理凭证的工作交给了小钟。

　　本任务我们就来跟随小钟一起学习原始凭证的整理。

【任务实施】

整理原始凭证

　　会计工作中,在整理原始凭证的同时,也要了解原始凭证的填制和审核。

　　会计凭证是记录经济业务事项的发生和完成情况、明确经济责任,并作为记账依据的书面证明,是会计资料的重要组成部分。填制会计凭证,是会计核算的首要环节。会计凭证是否真实、完整,对会计信息质量有十分重要的影响,可以说是保证会计信息质量的基础。

一、会计资料整理概述

　　会计资料是在会计核算过程中形成的、记录和反映实际发生的经济业务事项的资料,包括会计凭证、会计账簿、财务会计报告和其他会计资料。会计资料整理技能是一种实用性很强的技能。它主要指的是对会计资料整理归档的技能。会计资料的整理归档包括会计凭证的整理归档、会计账簿的整理归档、财务报告的整理归档及其他会计资料的整理归档。

　　会计核算是对会计对象进行连续、系统、完整的记录和计算。企业一个年度会计核算工作结束,它所产生的材料——凭证、账簿和财务会计报告,即会计资料。会计资料是记录会计核算过程和结果的载体,是反映单位财务状况和经营成果、评价经营业绩、进行投资决策的重要依据。

　　会计资料同时也是一种重要的社会信息资源。目前用于规范会计资料的国家统一的会计制度主要有1996年6月17日财政部发布的《会计基础工作规范》、1998年8月21日财政部国家档案局发布的《会计档案管理办法》,以及财政部发布的《企业会计准则——基本准则》及具体准则与应用指南和《企业会计制度》《金融企业会计制度》《小企业会计制度》等。

二、原始凭证的编制与审核

会计凭证是具有一定格式的、用以记录经济业务发生和完成情况的书面证明,是登记账簿的依据。会计凭证是账务处理的起点,是账簿记录的数据基础。填制、审批和审核会计凭证是会计核算的一种专门方法。

企业的经济业务是复杂的,设置的会计凭证种类繁多,按照其填制的顺序和用途不同,会计凭证可分为原始凭证和记账凭证。

(一)原始凭证的编制

原始凭证又称为单据,是在经济业务发生时,由业务经办人员直接取得或者填制、用以表明某项经济业务已经发生或完成情况,并明确有关经济责任的一种凭证。它是填制记账凭证、登记账簿的原始依据。

企业应当根据实际发生的经济业务事项,填制或取得真实、合法、准确、完整的原始凭证,并及时送交会计机构。

1. 原始凭证的分类

原始凭证形式繁多,为方便使用,通常按凭证来源、填制方法、经济业务类别等不同标准进行分类。按来源分类,可分为外来原始凭证和自制原始凭证;按填制方法分类,可分为一次性原始凭证、累计原始凭证和汇总原始凭证;按经济业务类别分类,可分为款项收付业务原始凭证、出入库业务原始凭证、成本费用原始凭证、购销业务原始凭证、固定资产业务原始凭证和转账业务原始凭证。出入库业务原始凭证如图 5—9 所示。

产 成 品 出 库 单   凭证编号

用途: 销售   20××年 12 月 17 日

产品名称	规格型号	产品编号	计量单位	数量	成本
A 产品			件	200	

记账: 保管: 主管: 经办:

图 5—9 出入库业务原始凭证

2. 原始凭证处理的注意事项

(1)原始凭证必须具备的内容

由于各单位经济业务内容的复杂性与多样性,决定了各单位所使用的原始凭证及其所反映的具体内容也有所不同。但是,原始凭证又具有共同的基本内容,这些基本内容是原始凭证必须具备的。

①凭证的名称和编号;

②接受凭证单位的名称;

③填制凭证的日期;

④经济业务的内容;

⑤数量、单价和金额;

⑥制证单位名称、填制人的姓名;

⑦经手人或验收人的签字或盖章。

(2)外来原始凭证(如发票、收据等)

①必须盖有填制单位的财务专用章或发票专用章;

②必须盖有套印的税务部门或有权监制部门的专用章;

③必须有填制人员的签名或盖章。

(3)从个人取得的原始凭证

①必须有填制人员的签名或盖章;

②同时应写明住址;

③必要的注明身份证号码(或者提供身份证复印件)。

(4)自制原始凭证(如入库单、领料单等)

必须有经办单位的负责人(或其指定人员)签名或者盖章。

3. 原始凭证的基本填制要求

(1)真实可靠

如实填列经济业务内容,不弄虚作假,不涂改挖补。

(2)内容完整

应该填写的项目要逐项填写,不可缺漏。尤其需要注意的是,年、月、日要按照填制原始凭证的实际日期填写;名称要写全,不能简化;品名或用途要填写明确,不能含混不清;有关人员的签章必须齐全。

(3)填制及时

每当一项经济业务发生或完成都要立即填制原始凭证,做到不积压、不误时、不事后补制。

(4)书写清楚

字迹端正、易于辨认,做到数字书写符合会计上的技术要求,文字工整,不草、不乱、不"造";复写的凭证做到不串格、不串行、不模糊。

(5)顺序使用

收付款项或实物的凭证要按顺序或分类编号,在填制时按照编号的次序使用,跳号的凭证应加盖"作废"戳记,不得撕毁。

(6)其他要求

凡需填写大写和小写金额的原始凭证,大写与小写金额必须相符;购买实物的原始凭证,必须有实物验收证明;支付款项的原始凭证,必须有收款单位和收款人的收款证明。

一式几联的原始凭证,需注明各联的用途,只能用一联作为报销凭证,必须用双面复写纸(发票和收据本身具备复写纸功能的除外)套写,并连续编号。作废时应当加盖"作废"戳记,连同存根一起保存,不得撕毁。

(二)原始凭证的相关填制要求

1. 原始凭证的用印要求

(1)除车、船等类似凭证外,原始凭证按规定内容填制完毕后,应当加盖印章。外来原始凭证应当有出具单位的财务专用章或现金收(付)讫章或银行收(付)讫章或营业专用章以及制单和收(付)款人员名章;个人出具的凭证,必须签名或同时加盖名章。

(2)对外出具原始凭证,应当加盖本企业财务专用章或现金收(付)讫章或银行收(付)讫章或营业专用章,以及制单和收(付)款人员名章。

(3)自制原始凭证必须有制单人员、经办部门负责人或其指定人员的签名或盖章。

(4)作为填制记账凭证、登记会计账簿依据的原始凭证,须经办人签字或盖章、企业负责人或其授权审批人审批签字或盖章、会计机构负责人(会计主管人员)或其授权人审核签字或盖章。

经办人员、审批人员和审核人员无论是采用签字还是采用盖章方式,一经采用,在一个会计年度内不得变更。

2. 原始凭证的附件要求

(1)经上级单位、政府管理部门批准的经济业务,应当将批准文件原件或复印件作为原始凭证附件。批准文件需单独归档的,应当在原始凭证上注明批准机关名称、日期和文件字号。

(2)有附件的原始凭证,应当在原始凭证上注明附件的自然张数,原始凭证与附件的有效金额应当相等。

(3)各种附件应当黏附在原始凭证背面;附件张数过多,可另行粘贴并附在原始凭证之后。粘贴时,不得遮盖附件的报销金额及其基本内容。公共电、汽车及地铁车票,只粘贴报销金额部分;卡片式车船票,应当将票面撕下粘贴。

3. 其他要求

(1)原始凭证的错误更正

原始凭证记载的各项内容均不得涂改,发现错误的,应当按以下规定方法进行更正:外来原始凭证存在非金额错误的,由出具单位或个人重开或者更正,更正处压盖出具单位或个人印章;存在金额错误的,由出具单位或个人重开,不得在原始凭证上更正。自制原始凭证有错误的,应当重开。

(2)原始凭证的遗失或破损

外来原始凭证遗失或破损严重无法辨认时,应当取得出具单位或个人盖有公章或签名的证明(注明原凭证的号码、金额和内容等),经会计机构负责人(会计主管人员)和企业负责人批准后,代作原始凭证。确实无法取得证明的(如车、船、飞机票),由当事人写出详细情况或填制自制支出证明单,经会计机构负责人(会计主管人员)和企业负责人批准后,代作原始凭证。

(三)原始凭证的审核规范

1. 审核原始凭证的合法性和真实性

审核所发生的经济业务是否符合国家有关规定的要求,是否存在违反财经制度的现象;原始凭证中所列的经济业务事项是否真实,有无弄虚作假情况。如在审核原始凭证中发现有多计或少计收入、费用、擅自扩大开支范围、提高开支标准,巧立名目、虚报冒领、滥发奖金或津贴等违反财经制度和财经纪律的情况,不仅不能作为合法真实的原始凭证,而且要按规定进行处理。

2. 审核原始凭证的合理性

审核所发生的经济业务是否符合厉行节约、反对浪费、有利于提高经济效益的原则,是否存在违反该原则的现象。如审核原始凭证后,确实有使用预算结余购买不需要的物品、对陈旧过时设备进行大修理等违反上述原则的情况,不能作为合理的原始凭证。

3. 审核原始凭证的完整性

审核原始凭证是否具备基本内容,是否存在应填未填或填写不清楚的现象。如经审核原始凭证后,确定有未填写接受凭证单位名称、无填证单位或制证人员签章、业务内容与附件不符等情况,不能作为内容完整的原始凭证。

4. 审核原始凭证的准确性

审核原始凭证在计算方面是否存在失误。如经审核原始凭证后,确定有业务内容摘要与数量、金额不相对应,业务所涉及的数量和单价的乘积与金额不符,金额合计错误等情况,不能作为准确的原始凭证。

对于原始凭证,应审核其合法性、真实性、合理性、完整性和准确性。对于内容合法、真实、完整、准确的原始凭证,应依此编制记账凭证;对于内容合法但不够完整、准确的原始凭证,应退回补充更正;对于内容完整、准确但不合法的原始凭证,应拒绝办理会计手续。

知识加油站

原始凭证审核

《会计法》第十四条第三款对审核原始凭证问题作出了规定:

(1)会计机构、会计人员必须审核原始凭证,这是法律职责。

(2)会计机构、会计人员审核原始凭证应当按照国家统一的会计制度的规定进行,也就是说,会计机构、会计人员审核原始凭证的具体程序、要求应当由国家统一的会计制度规定,会计机构、会计人员应当据此执行。

(3)会计机构、会计人员对不真实、不合法的原始凭证有权不予受理,并向单位负责人报告,请求查明原因,追究有关当事人的责任;对记载不准确、不完整的原始凭证予以退回,并要求经办人按照国家统一的会计制度的规定进行更正、补充。

三、会计凭证的整理

会计凭证是根据原始凭证或原始凭证汇总表而填制的,用来确定会计分录,作为记账的直接依据。会计凭证是记录经济业务情况、明确经济责任、登记账簿的书面证明和依据。会计凭证包括原始凭证和记账凭证。

(一)原始凭证的整理

对于纸张面积大于记账凭证的原始凭证,按照记账凭证的面积尺寸,将原始凭证先自右向左再自下向上折叠两次,折叠时应注意将凭证的左上角或左侧面空出,以便装订后展开查阅。记账凭证根据审核无误的原始凭证业务范围不同,分为专用记账凭证和通用记账凭证。专用记账凭证又分为收款凭证、付款凭证和转账凭证。

会计凭证的整理工作,主要是按凭证顺序号对凭证进行排序、粘贴和折叠。在整理过程中,要求必须按照"现收""现付""银收""银付""转"等凭证字号和顺序进行排列,收款、付款凭证要按照现金和银行存款的字号分别整理,不能混乱不清。通用记账凭证的字号就是"记"。另外,对于现金与银行存款之间相互划转的业务,一般只填制付款凭证,而不填制收款凭证。

对于纸张面积过小的原始凭证,一般不能直接装订,宜采用粘贴的方法,即按一定次序和类别将原始凭证粘贴在一张与记账凭证大小相同的白纸上。粘贴时,应尽量将同类同金额的单据粘在一起;如果是板状票证,可以将票面票底轻轻撕开,厚纸板弃之不用;粘贴完成后,应在白纸一旁注明原始凭证的张数和合计金额。对于纸张面积略小于记账凭证的原始凭证,则可以用回形针或大头针别在记账凭证后面,待装订凭证时,抽去回形针或大头针。对于数量过多的原始凭证,如工资单、领料单等,应单独装订保管,并在封面上注明原始凭证的张数、金额,以及所属记账凭证的日期、编号、种类和保管地点。封面应一式两份,一份作为原始凭证装订成册的封面,封面上注明"附件"字样;另一份附在记账凭证的后面,同时在记账凭证上注明"附件另订",以便查阅。原始凭证粘贴单如图 5—10 所示。

图 5—10 原始凭证粘贴单

(二)记账凭证封面的折叠方法

(1)先折出三条线(记账凭证封面左边表格为第一条线,封皮中间填写年、月、日的表格右线分别为第二条线和第三条线);

(2)从第二条线反折观察到第一条线在中间位置即可;

(3)打孔,穿线,装订,打死结,盖章;

(4)再把凭证封面沿着装订位置反折,涂上胶水粘贴好即可。

任务四　装订会计凭证

【任务描述】

　　学习完原始凭证的整理后,工作导师李明让小钟负责装订会计凭证。由于之前没接触过会计凭证的装订,小钟自己研究了半天,也从网上找了一些视频进行学习,但装订后的会计凭证依旧不够整齐好看。

　　本任务我们就来跟随小钟学习会计凭证的装订。

【任务实施】

在会计工作中,在整理原始凭证的同时,也要学会会计凭证的装订。

一、会计凭证装订工作

装订会计凭证

根据财政部《会计基础工作规范》第五十五条的规定,记账凭证登记完毕后,应当按照分类和编号顺序进行保管,不得散乱或丢失。为此,必须对会计凭证进行装订。对于记账凭证,应当连同所附的原始凭证或者原始凭证汇总表,按照编号顺序,折叠整齐;按期装订成册,加具封面,在封面上编好卷号,并在明显处标明凭证种类编号,由装订人在装订线封签处签名或者盖章;最后按编号顺序入柜,以便调阅。

会计资料装订工作主要包括会计凭证、会计账簿、会计报表及其他文字资料的装订。其中,会计凭证一般每月装订一次,装订好的凭证按年分月妥善保管归档;各种会计账簿年度结账后,除跨年使用的账簿外,其他账簿应按时整理立卷;会计报表编制完成及时报送后,留存的报表按月装订成册,谨防丢失,小企业可按季装订成册。

二、会计凭证的装订

装订的范围包括原始凭证、记账凭证、科目汇总表和银行对账单。科目汇总表的工作底稿也可以装订在内,作为科目汇总表的附件。

装订就是将会计凭证装订成册,从而方便保管和利用。装订之前,要设计一下,看一个月的记账凭证究竟订成几册为好。每册的厚薄应基本保持一致,不能把几张应属于一份记账凭证附件的原始凭证拆开装订在两册之中,要做到既美观大方,又便于翻阅。

(一)会计凭证装订前的准备工作

(1)分类整理,按顺序排列,检查日数、编号是否齐全。

(2)按凭证汇总日期归集(如按上、中、下旬汇总归集)确定装订成册的本数。

(3)摘除凭证内的金属物(如订书钉、大头针、回形针),对于纸张面积大于记账凭证的原始凭证,可按记账凭证的面积尺寸,先自右向左再自下向上二次折叠。注意,应把凭证的左上角或左侧面空出来,以便装订后还可以展开查阅,并且能避开装订线,保持数字完整。

(4)整理检查凭证顺序号,如有颠倒,要重新排列,发现缺号要查明原因。再检查附件是否漏缺,领料单、入库单、工资单、奖金发放单等是否随附齐全。

(5)记账凭证上有关人员(如财务主管、复核、记账、制单等)的印章是否齐全。

(二)会计凭证的装订要求

(1)装订要整齐、美观、牢固。凭证厚度一般为 1.5 厘米,最多不超过 3 厘米,如果本月凭证过多,可装订为多本。

(2)科目汇总表及所附记账凭证、原始凭证装订为一册;不得将不同月份会计凭证合并装订。

(3)原始凭证过大时,应当折叠装订,并保证装订后仍能展开查阅;原始凭证过小时,可用记账凭证大小纸张分开均匀粘贴。

(4)会计凭证封面内容应当填写齐全。其内容包括封面名称,经济业务起止日期,记账凭证起止编号,附原始凭证合计张数,凭证年度、月度、册号,装订、审核、会计机构负责人(会计主管人员)名章,装订人必须在装订封条上加盖骑缝章。

(5)银行对账单、银行存款余额调节表不是原始凭证,却是重要的会计资料,要单独装订保存。

(6)凭证中不能有大头针、曲别针、订书钉等金属物。

(7)写好凭证封面、单位名称、年度、月份、凭证种类(收付转)、起始日期、起始号数。

(8)线绳结要打在凭证背面。

三、会计凭证装订方法

会计凭证装订前,要以其左上侧为准放齐,并准备好铁锤或装订机、线绳、铁夹、胶水、凭证封皮、包角纸等用具和材料。

(一)用"三针引线法"装订

(1)装订凭证应使用棉线,在左上角部位打上三个针眼,实行三眼一线打结。结扣应是活的,并放在凭证封皮的里面。装订时尽可能缩小所占部位,使记账凭证及其附件保持尽可能大的显露面,以便事后查阅。

(2)凭证外面要加封面,封面纸用上好的牛皮纸印制,封面规格略大于所附记账凭证。

(3)一本凭证厚度一般以 1.5～2.0 厘米为宜,过薄不利于戳立放置,过厚不便于翻阅核查。凭证装订的各册,一般以月份为单位,每月订成一册或若干册。凭证少的单位,可以将若干个月份的凭证合并订成一册,然后在封面注明本册所含的凭证月份。

（二）用"角订法"装订

（1）将凭证封皮和封底裁开，分别附在凭证前面和后面，再拿一张质地相同的纸（可以再找一张凭证封皮，裁下一半用，另一半为订下一本凭证备用）放在封面上角，做护角线。

（2）在凭证的左上角画一边长为5厘米的等腰三角形，用夹子夹住，再用装订机在底线上分布均匀地打两个眼。

（3）用大针引线绳穿过两个眼（如果没有针，可以将回形针顺直），然后两端折向同一个方向，折向时将线绳夹紧，即可把线引过来，因为一般装订机打出的眼是可以穿过的。

（4）在凭证的背面打结，线绳最好把凭证两端也系上。

（5）将护角向左上侧面折，并将一侧剪开至凭证的左上角，然后抹上胶水。

（6）向上折叠，将侧面和背面的线绳扣粘死。

（7）待晾干后，在凭证本的侧脊上面写上"某年某月第几册共几册"的字样。装订人在装订线封签处签名或盖章。现金凭证、银行凭证和转账凭证最好依次顺序编号，一个月从头编一次序号，如果单位的凭证少，也可以全年顺序编号。目前，有的账簿商店有一种传票盒，将装订好的凭证装入盒中码放保管，可显得整齐。

角订法如图5—11所示。

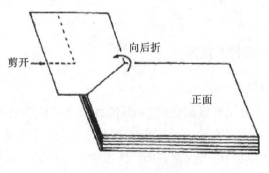

剪开→　向后折

正面

图5—11　角订法

（三）会计凭证装订后的注意事项

每本会计凭证的封皮上要填写好凭证种类、起止号码、凭证张数，并由会计主管人员和装订人员签章；为了便于调阅，还应在封面上编好卷号，按顺序入柜，并要在显露处标明凭证种类编号。

任务五　保管会计档案

【任务描述】

广州市一家公司在进行内部审计过程中发现2022年的现金日记账丢失。该公司立刻向公安局报案,并进行了详细检查。结果发现,由于现任会计人员小王在工作中失职,没有对会计相关资料进行严格整理和归档,致使2022年的现金日记账丢失。税务局对该公司的行为处以5 000元罚款。

现金日记账属于会计档案吗?除了现金日记账之外,还有哪些是会计档案?这些资料在平时应怎样保管呢?

本任务我们就来学习会计档案的保管。

【任务实施】

在会计工作中,在整理会计档案的同时,也要了解会计档案的保管。

保管会计档案

企业的会计档案包括会计凭证、会计账簿、会计报告、查账报告、验资报告、与经营管理和投资者权益有关的其他重要文件,如合同、章程、董事会决议等各类会计资料,是记录和反映单位经济业务的重要史料和证据。

一、会计档案保管的规定

(一)一般规定

(1)各单位每年形成的会计档案,应当由会计机构按照归档要求,负责整理立卷,装订成册,编制会计档案保管清册。采用电子计算机进行会计核算的单位,应当保存打印出的纸质会计档案。具备采用磁带、磁盘、光盘、微缩胶片等磁性介质保存会计档案条件的,由国务院业务主管部门统一规定,并报财政部、国家档案局备案。

(2)当年形成的会计档案,在会计年度终了后,可暂由会计机构保管一年。期满之后,应当由会计机构编制移交清册,移交本单位档案机构统一保管;未设立档案机构的,应当在会计机构内部指定专人保管。出纳人员不得兼管会计档案。

(3)移交本单位档案机构保管的会计档案,原则上应当保持原卷册的封装。个别需要拆封重新整理的,档案机构应当会同会计机构和经办人员共同拆封整理,以分清责任。

(4)各单位保存的会计档案不得借出。如有特殊需要,经本单位负责人批准,可以提供查阅或者复制,并办理登记手续。查阅或者复制会计档案的人员,严禁在会计档案上涂画、拆封和抽换。各单位应当建立健全会计档案查阅、复制登记制度。

(5)会计凭证装订成册前,由持有人保管,并对其安全、完整性负责。会计凭证装订成册后,由会计机构内部指定的会计档案管理人员负责保管,并对其安全、完整性负责。年度终了,按照《会计档案管理办法》规定进行立卷归档保管。

(二)其他规定

(1)各种会计凭证应及时传递,不得积压。登记完毕后,应按照分类和编号顺序保管,不得散乱丢失。

(2)对于各种记账凭证,应连同所附的原始凭证或原始凭证汇总表按照编号顺序折叠整齐,按期装订成册,并加具封面,注明单位名称、年度、月份和起讫日期、凭证种类、起讫号码,由装订人在装订线封签处签名或盖章。

对于数量过多的原始凭证,如收、发料单等,可以单独装订保管,在封面上注明记账凭证日期、编号、种类,同时在记账凭证上注明"附件另订"和原始凭证名称及编号。各种经济合同、存出保证金收据及涉外文件等重要原始凭证应另编目录,单独登记保管,并在有关的记账凭证和原始凭证上相互注明日期和编号。

(3)原始凭证不得外借,其他单位如因特殊原因需要使用原始凭证时,经本单位领导批准,可以复制。向外单位提供的原始凭证复制件,应在专设的登记簿上登记,并由提供人员和收取人员共同签名或盖章。

(4)从外单位取得的原始凭证如有遗失,应取得原签发单位盖有公章的证明,并注明原凭证的号码、金额和内容等,由经办单位负责人批准后,代作原始凭证。如果确实无法取得证明的,如火车、轮船、飞机票等凭证,由当事人写出详细情况,由经办单位负责人批准后,代作原始凭证。

二、会计档案保管的期限

不同会计档案的保管期限不同,按其特点可分为永久、定期两类。定期保管期限分为 3 年、5 年、10 年、15 年、25 年五类。会计档案的保管期限,从会计年度终了后的第一天算起。

（一）会计凭证类

（1）原始凭证、记账凭证15年。其中，涉及外事与对私改造的会计凭证永久保存。

（2）银行存款余额调节表3年。

（二）会计账簿类

（1）日记账15年。其中，现金与银行存款日记账25年。

（2）明细账、总账、辅助账15年。

（3）涉及外事与对私改造的会计账簿永久保存。

（三）会计报表类

（1）主要财务指标报表3年。

（2）月、季度会计报表15年。

（3）年度会计报表永久保存。

（四）其他类

（1）会计档案保管清册及销毁清册25年。

（2）财务成本计划3年。

（3）主要财务会计文件、合同、协议永久保存。

三、保管期满会计档案的处理

保管期满的会计档案，可以按照以下程序销毁：

（1）由本单位档案机构会同会计机构提出销毁意见，编制会计档案销毁清册，列明销毁会计档案的名称、卷号、册数、起止年度和档案编号、应保管期限、已保管期限、销毁时间等内容。

（2）单位负责人在会计档案销毁清册上签署意见。

（3）销毁会计档案时，应当由档案机构和会计机构共同派员监销。国家机关销毁会计档案时，应当由同级财政部门、审计部门派员参加监销。财政部门销毁会计档案时，应当由同级审计部门派员参加监销。

（4）监销人在销毁会计档案前，应当按照会计档案销毁清册所列内容，清点核对所要销毁的会计档案；销毁后，应当在会计档案销毁清册上签名盖章，并将监销情况报告本单位负责人。

（5）保管期满但未结清的债权债务原始凭证和涉及其他未了事项的原始凭证，不得销毁，应当单独抽出立卷，保管到未了事项完结时为止。单独抽出立卷的会计档案，应当在会计档案销毁清册和会计档案保管清册中列明。正在项目建设期间的建设单位，其保管期满的会计档案也不得销毁。

知识加油站

会计档案的保管

会计档案保管期限分为永久和定期两类。定期保管期限分为 3 年、5年、10 年、15 年、25 年五种。保管期限从会计年度终了后的第一天算起。永久保存的主要是各级财政总决算报表,税收年度决算报表,涉及外事与对私改造的凭证、账簿和报表,以及行政企事业单位的年度决算表等。会计档案保管期限多数国家采取确定的期限。如德国、意大利、法国、比利时、日本等国为 10 年,西班牙为 5 年,荷兰为 30 年。但也有采取不确定期限的,如智利以营业继续期间为准,巴西以债权时效消灭为准。会计档案的保管期限与诉讼时效挂钩是有道理的。

四、会计档案编号、移交、销毁

将会计档案按"年(报属年度)、限(保管期限)、类(四个种类)"排列编号,即以每一年度的会计档案为一单元,将每个案卷按不同保管期限,从永久到最短的期限依次排列,然后将同一保管年限的案卷分类编号,最后以"第一卷""永久卷"为 1 号,按顺序编制目录号,这些号码也作为案卷号。会计档案案卷的目录包括会计档案案卷号、题名、保管期限、卷内材料起止时间、备注等。

会计档案移交清册时,要登记序号、案卷题名、档案编号、年度、保管期限、备注,填写交接日期,由送交人、移交人、监交人签名盖章。会计档案销毁清册时,要登记销毁日期、销毁档案类别、所属年度、起止卷号、卷数、监销人、备注等内容。

实训演练

会计凭证整理

(一)实训目的

通过实训熟悉会计凭证造册归档、使用的程序,掌握会计凭证的装订、保管要求和操作技术。

(二)实训要求

要求掌握会计档案资料装订的基本技能。

(三)实训过程

1.设置账簿

首先,按照企业会计制度要求,进行期初建账,包括总账、现金日记账、银行存款日记账,以及资产类、负债和所有者权益类与损益类等明细账。其次,根据下发的会计模拟资料,仔细阅读、判断本资料中的经济业务涉及哪些账户,而后再根据各账户的性质分出其所属的账户类别。再次,按照上述分类,将所涉及的全部账户名称,贴口取纸填列到各类账簿中去,并把资料中所列期初余额登记在相关账户借、贷方余额栏内。最后,试算平衡,要求全部账户借方余额合计等于全部账户贷方余额合计,总账借、贷方金额要与下设的相关明细账户借、贷方余额合计数相等,试算平衡后方可进行本期业务登记,否则不能进行。

2.登记账簿

首先,登记账簿必须使用蓝黑墨水书写,冲账时可使用红色墨水,但字迹要清楚,不得跳行、空页。对发生的记账错误,采用错账更正法予以更正,不得随意涂改、挖补等。其次,明细账要根据审核后的记账凭证逐笔序时予以登记。最后,总账根据"记账凭证汇总表",登记完毕要与其所属的明细账户核对相符。

3.结账

首先,详细检查模拟资料中所列的经济事项,是否全部填制记账凭证,并据此记入账簿。有无错记账户、错记金额,如有应及时补正。其次,在保证各项经济业务全部准确登记入账的基础上,结出现金日记账、银行存款日记账、总账和各类明细账的本期发生额与期末金额,为编制会计报表做好充分准备。

4.编制会计报表

首先,在左上角填明编制单位、编制时间。其次,根据总账或有关明细账资料按项目填列,还必须使资产负债表保证左方金额合计等于右方金额合计,否则重填。最后,还要编制人签名。

5.档案归集储存

各种记账凭证按顺序编号后,应及时登账。登账完毕后,将记账凭证分别按凭证类别整理成册,妥善保管。各种记账凭证连同所附的原始凭证或原始凭证汇总表整理加工、装订成册后,加具"会计凭证装订封面",注明单位名称、年度、月份和起讫日期、凭证种类、起讫号码,最后交给专人保管。

项目六
会计办公设备操作技能

学习目标 ◢

素质目标

1.培养学生动手操作能力。

2.培养学生严谨细致、遵规守矩以及勇于吃苦的精神。

知识目标

1.了解会计办公设备的具体操作要领。

2.正确操作电子计算器,掌握计算机小键盘的操作方法。

3.熟练掌握传票翻打的方法,以及网上银行和电子收银机的
   相关操作方法。

技能目标

1.能够规范操作电子计算器。

2.能够规范操作计算机小键盘和进行传票翻打。

3.能够规范操作网上银行和电子收银机。

案例导入

各银行传票翻打技能竞赛

翻打传票也称为传票算,是指在经济核算过程中,对各种单据、发票或凭证进行汇总计算的一种方法。翻打传票被列入全国职业学校技能竞赛的重要项目,是会计人员应该掌握的基本技能之一,也是熟练操作各项业务的基础。它可以为会计核算、财务分析、统计报表提供及时、准确、可靠的基础数据。

图6—1　翻打传票

技能竞赛传票翻打项目训练中注重的主要内容包括翻看训练是基础,指法训练是关键,正确姿势是保证,耐力、毅力训练是保障,心理素质训练是法宝。

图6—2　技能竞赛

技能竞赛不是为了比赛而比赛,而是要将在训练过程中总结出来的各种有效的经验、方法运用到平时学习中,全面检阅自身的业务素质和操作技能,以赛促教,以赛强技能,提高动手能力、协调能力,培养竞争意识和"工匠精神",增强学习兴趣,进而借助技能竞赛这个载体,全面提高职业学生的综合素质。

任务一　操作电子计算器

【任务描述】

> 小刘是一家酒店的收银员,一说起她的工作能力,酒店的领导和员工都赞不绝口。据说一张 10 个菜的账单,她只需要 5 秒钟就能计算出来,并且准确率 100%。在酒店举办的员工技能展示活动中,当裁判发出"开始"指令后,只见小刘左手拿着菜单,右手手指飞快地在计算器的各个键上跳跃舞动,如行云流水般迅捷。1 秒、2 秒、3 秒……"共计 642 元。"当秒表显示到 5 秒的时候,小刘就报出了菜价。速度还真是快啊! 小刘是怎么做到的? 电子计算器的基本原理包括哪些具体内容?
> 本任务我们就来学习电子计算器的操作。

【任务实施】

准确、规范操作电子计算器包括熟悉电子计算器的基本按键功能、具体使用步骤等。

一、计算器的基本知识

(一)概述

20 世纪 70 年代,随着微处理器的出现,产生了电子计算器,就是能做简单数学运算的计算工具。电子计算器作为一种先进的计算工具,一般可用来进行加、减、乘、除、幂及函数等计算,在会计、金融、商贸等行业运用越来越广泛。电子计算器与珠算一样已经成为各行各业不可缺少的计算工具,两者相得益彰,各有所长。随着科学技术的发展,这种计算工具不论是品种规格还是功能构成,都越来越多了。计算器不但广泛应用于各行各业的计算领域,也成为人们日常生活中的常用计算工具。计算器由电源、开关、显示器、键盘、内部电路构成。计算器如图 6-3 所示。

图6－3　计算器

电子计算器与其他计算工具相比,其主要特点有:

1. 准确度高

计算器可以显示的有效数字超过 8 位、10 位、12 位甚至 16 位。

2. 速度快

一般可达每秒 5 000 次,甚至 10 万次以上。

3. 工作可靠性高

在正常情况下,计算器可以使用上千小时无故障。

4. 容纳信息量大

如函数型计算器,可储存 8～10 位的数学表,便于查找且不易出错。

5. 耗电量低

有光能的电子计算器不需要电池,且价格低、操作简单、携带方便等。

电子计算器体积小、质量轻、便于携带、运算迅速准确、操作简单。

(二)电子计算器的构成和分类

1. 电子计算器的基本构成

(1)输入器

电子计算器的
构成和使用

它是由专门的按键开关组合而成,主要是将要输入的各种信息数据或指令输入计算器中。

(2)存储器

它是将输入的数据、运算过程中的中间结果以及运算的最终结果储存起来的装置。在计算过程中,存储器内所存储的信息可随时送到运算器或送往输出设备中。

(3)运算器

它是根据控制器发出的大量信息资料进行各种数学运算或逻辑运

算的装置。

（4）控制器

相当于人的大脑，是整个计算器各部件的指挥中心，它的作用是将指令键传来的信息进行加工整理、组织、协调和指挥，按预定的指令将存储器数据或运算结果经"解码"后送到显示器。

（5）输出器

属于显示装置，可将输入的数据、中间运算结果及存储器所存储的数据显示出来。

2. 电子计算器的分类

计算器根据表现形式分类，可分为实物计算器和软件形式的计算器。其中，实物计算器一般是手持式计算器，便于携带，使用也较方便，但一般情况下，功能较简单，不太方便进行功能升级。也有少部分功能强大的图形式手持计算器，但由于价格昂贵，在平板电脑与智能手机普及的情况下，不建议购买多功能手持计算器。软件形式的计算器以软件存在，能在 PC 电脑或者智能手机、平板电脑上使用。此类计算器功能多，功能可以通过软件升级进行扩展。随着平板电脑与智能手机的普及，软件形式的计算器的应用会越来越多，最终有望取代传统的手持式计算器。

常见的计算器有四类：

（1）算术型计算器

可进行加、减、乘、除简单的四则运算，又称简单计算器。一般都是实物计算器。

（2）科学型计算器

可进行乘方、开方、指数、对数、三角函数、统计等方面的运算，又称函数计算器。可以是软件，也可以是实物。

（3）程序员计算器

专门为程序员设计的计算器，主要特点是支持以下功能：And、Or、Not、Xor，最基本的"与、或、非和异或"操作；Lsh、Rsh，全称是 Left Shift 和 Right Shift，也就是左移和右移的移位操作，需要输入要移动的位数（不能大于最大位数）；RoL、RoR，全称是 Rotate Left 和 Rotate Right，对于 RoL 来讲，就是向左移动一位，并将移出的那位补到最右边那位上，RoR 类似。

（4）统计计算器

为有统计要求的人员设计的计算器，可以是软件，也可以是实物。

(三)一般电子计算器的基本按键功能

1. 电源开关键

ON/AC:归零键、上电/全部清除键(还原为初始状态)。清除现有数据重新输入,打开计算器,或清除所有寄存器中的数值。

C:清除键(清除当前步骤的全部数字)。

OFF:切断电源键。计算完毕后,按此键关闭电源。此时,显示装置为空白。当然也有的计算器可设置电源自动关闭功能,设置为每隔几分钟后自动关闭。

2. 输入键

数字输入键:0、1、2、3、4、5、6、7、8、9 这十个键用来输入数据,输入的顺序是从高位到低位,按一次,输入一位数。

快速增零键(00):操作时按一下该键,同时出现 2 个"0"。

3. 特定功能键

↓:无条件舍去键。

→:右移键。

↑:无条件进位键。

M+:记忆加法键或累加键(将输入数或中间计算结果进行累加)。

M−:记忆减法键或累减键(将输入数或中间计算结果进行累减)。

MR:储存读出键(调用存储器内容)。

MRC:暂存数据(第一次按下此键调用存储器内容,第二次按下清除存储器内容)。

GT:总和计算(传送 GT 存储寄存器内容到显示寄存器)。

MU:损益运算键(完成利率和税率计算)。

TAX:税率键。

二、计算器的使用

(一)使用计算器的步骤

(1)先按键输入第一个参与计算的数据,注意一定是从高位按起。

(2)按运算符号键:+、−、×、÷。

(3)输入第二个参与计算的数据。

(4)按等号键,出现结果。

(5)两步运算的,如果第一步结果可直接参与第二步运算,可以接着按运算符号键进入下一步计算;如果第二步运算不能再接着参与运算的,可以先记录第一步运算结果,重新按以上程序进行计算。

(二)在使用过程中需要注意的问题

(1)使用计算器时,放置要平稳,以免按键时晃动和滑动。

(2)由于计算器的键盘比较小,按键排列密集,按键时用力要均匀,要按到底,不能用手指或钢笔敲击键盘。

(3)停止使用时,注意及时按关闭键,节省用电。

(4)按下数字键后,应看显示器上的显示是否正确;按运算键时,要看显示器上的数字是否闪动,如无闪动说明键未按到底,需要重新按键。

(5)每次运算前,要清除计算器里的数据,按一下清除键 ON/C,有的计算器把这个键记作 AC 或 C。

三、计算器盲打技术

(一)计算器的基本操作

1. 姿势

标准的坐姿有利于健康,便于运算,舒适、大方,给人以美感。

2. 握笔

与珠算握笔不同,主要用小指和大拇指握笔,当小指按键时,大拇指握笔,当大拇指按键时,小指握笔,以便快速及时地记录运算结果。

3. 指法

养成良好的指法习惯,对提高准确度和速度都有很大的作用。常用的指法分工如表 6—1 所示。

表 6—1　　　　　　　　　　常用的指法分工

指法	手指分工	分管的键或数
三指法	食指	1,4,7
	中指	2,5,8
	无名指	3,6,9,＋,－,×,÷
四指法	食指	1,4,7
	中指	2,5,8
	无名指	3,6,9
	小指	＋,－,×,÷

4. 左右手分工与置数

运用计算器时,一般左手按住试题、账表或翻传票,右手按计算器;眼睛做到看数不看键,分节看数,分节敲数;书写答案时,眼看屏不看笔,清屏与书写结果同时完成。

5. 清屏

清屏是当末尾数键入完成后,即刻按动清零,做到清零与书写同时完成。

(二)掌握计算器盲打技术

1. 端正操作姿势

正确的坐姿会使操作者轻松自如、动作协调、速度提高。在盲打过程中,坐姿要端正,身体稍前倾,两腿自然放平,保持头部不动,眼看账表,手敲键盘,分工明确,眼看手到,答案书写无误。当然,在盲打过程中保持注意力集中也是非常重要的。

2. 分工与定位右手指法

在目前的经济工作中,主要使用加减运算。以核心键"5"为基准点,标准计算器在这个键上设计了一个突出的圆点,用于盲打时以它为核心向其他键展开,右手中指负责这个"5";以基本键位群"4""5""6"为中心区,由右手的食指、中指和无名指负责。操作时自上而下延伸,食指负责"1""4""7""0"键;中指负责"2""5""8""00"键;无名指负责"3""6""9"".";键;小拇指负责"+""-""="键。运算过程中和运算结束后,应及时复位,即右手食指、中指和无名指分别定位于"4""5""6"三个数字键上。

3. 掌握握笔姿势

右手握笔,把笔横压在右手食指、小指与手掌之间,使笔与手掌平行,笔杆上端伸出虎口并露出 1/3,笔尖露在小指外侧。这样执笔对于击键特别有利,而且便于书写计算结果,减少了取放笔的次数,避免浪费时间。

4. 抄写答案

抄写答案的关键是看得清、看得准,记得牢、写得快,即眼明手快。看得清、看得准就是答案的数字和位数既要看清,又要看准,而且大脑要快速记忆,在看的同时手就要快速将笔从与手掌的平行姿势调整为书写姿势,并快速记录,一般答案是正 5 位的(即小数点前面整数部分是 5 位数,万位)要求一眼完成,正 5 位以上的才可以两眼完成。看答案首先要快速反应出首位数的定位,答案记录要求快而不乱,书写清晰,分节号、小数点及小数末尾的"0"都不可缺少,书写完毕执笔姿势快速调整至输入姿势,同时大脑要立即把答案忘记,准备下一道题答案的记忆。

5. 掌握盲打技术

当基本操作方法掌握后,就应注重盲打技术的掌握。所谓计算器盲打技术,是指计算器操作中眼睛只看数字,右手按键时,完全凭借对键位的感觉进行击打。盲打技术的掌握是建立在规范指法基础之上的,操作中应随时注意核心键"5"和基本键位群"4""5""6",不论手指击打完哪个键位都应该及时将食指、中指和无名指归位到"4""5""6"三个键位上来。这项技术是录入技术掌握的最终目标,同时也是划分专业操作和业余操作的界限。

四、使用电子计算器的注意事项

(一)电子计算器的使用

电子计算器的外壳是塑料制成的,内部是大规模集成电路,所以不应受到重的敲压或震动。使用完毕后,应放在阴凉干燥处。如较长时间不用时,应取出电池,以免电池老化出水而腐蚀计算器的内部结构。当电池快用完时(显示屏的显示变得暗淡),应及时更换新的电池。在更换电池时,必须将两个电池同时更换。计算器不要放在温度忽高忽低,或温度高、湿度大和灰尘多的地方,特别要注意防止金属粉末侵入机体。按键时不要太猛或久按不离手,以防按键损坏或输入的数据发生错误。对计算器除尘时,宜用柔软的干布擦,不能用溶液洗或湿布擦。

(二)电子计算器的维护

电子计算器经常使用不会出现太大的问题,使用一段时间后,可以进行简单的维护。

如果显示器出现模糊不清的现象,表示应该更换电池了。更换程序如下:

(1)关掉电源;

(2)打开机背的电池盖;

(3)换上新电池;

(4)换上新电池后,先按 OFF,再按 ON/C 开始操作。

任务二　操作计算机小键盘

【任务描述】

　　小红毕业后在广州市中国银行的一家网点找到了一份工作,刚开始被分配去做柜台业务,她对这份工作也充满了信心。经过一段时间,上级下达通知要在下月初进行业务考核,其中一项是考核操作计算机小键盘。由于小红上学时不经常使用计算机小键盘,所以她非常着急,只好下班之后再苦练计算机小键盘的操作了。

　　本任务我们就来跟随小红一起学习计算机小键盘的操作。

【任务实施】

操作计算机小键盘,需要熟悉数字小键盘的布局和操作小键盘的手指分工。

一、小键盘的基本知识

计算机小键盘的使用

(一)认识数字小键盘

数字键盘也称小键盘、副键盘或数字/光标移动键盘。其主要用于数字符号的快速输入及财经专业传票录入等,如银行职员和财会人员多使用小键盘。在数字键盘中,各个数字符号键的分布紧凑、合理,适于单手操作,在录入内容为纯数字符号的文本时,使用小键盘比使用主键盘更方便,更有利于提高输入速度。随着计算机的广泛使用,小键盘也日益成为银行职员和财会人员处理日常业务的重要工具。

数字小键盘共有 17 个键,这 17 个键可以分为四类:一是数字键,即 0~9;二是符号键,包括＋、－、*、/、.;三是数字锁定键,即 Num Lock;四是回车键 Enter。数字锁定键是整个"数字王国"的总指挥,小键盘区的所有数字键都听它的指挥。在它头上有一盏灯,灯亮时,说明它正在工作(可以键入数字);灯灭时,说明它休息了(不能键入数字)。一般系统在默认状态下可以直接使用数字小键盘区,输入数字或运算符。回车键在编辑中,它的功能是另起一行;同时,在进行程序时,它也起着"确定"的作用。

(二)数字小键盘的正确操作姿势

在初学小键盘操作时,必须采用正确的操作姿势。如果姿势不正确,就不能准确、快速地输入,也容易疲劳。要使姿势正确,应注意以下几个方面:

1. 坐姿要求

双腿平放于桌下,身体微微向前倾,背部与椅面垂直,并贴住靠背椅,身体与数字小键盘距离为 15~25 厘米。

2. 肘和腕

右上臂自然下垂,右肘可以轻贴腋边,手腕不要压键盘边缘,右下臂和手腕略微向上倾,与小键盘保持相同的斜度,右肘部与台面大致平行。

3. 手指的状态

右手手指保持弯曲,形成勺状放于键盘上,轻轻按在与各手指相关的基本键位上。

4. 注意力

将录入的数据原稿平放于小键盘左侧,注意力集中在原稿上,左手食指指向要输入的数据,右手凭借触觉和指法规则击键,此间禁止偷看小键盘。

(三)小键盘的手指分工

键盘录入姿势在敲击键盘时应注意:手指弯曲要自然,手臂不可张开太大;手指击键要正确,击键有适当力度,击键之后要立即回到基准键。手指在键盘上的位置分工合理,手指按键盘时接触的点科学,才能加快输入速度。正确使用小键盘,并不是任何一个手指都可以随便按任何一个按键。为了提高键盘的敲击速度,在基准按键的基础上,通常将小键盘划分为几个区域,每个区域都由一个手指负责,一定要分工明确、互不侵犯。

小键盘指法如图 6—4 所示。

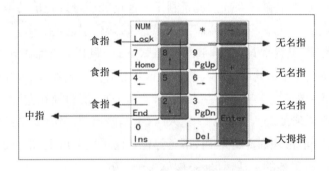

图 6—4　小键盘指法

使用过计算机的人都熟悉小键盘的基本键位,手指分工如下:

1. 右手中指

主要负责“/、8、5、2”,基准键位为“5”,有时也可负责“0”的击键工作。

2. 右手食指

主要负责“Num lock、7、4、1”,基准键位为“4”,有时也可负责“0”的击键工作。

3. 右手无名指

主要负责“＊、9、6、3、.”,基准键位为“6”。

4. 右手小指

主要负责“—、＋、Enter”的击键工作。

5. 右手大拇指

主要负责"0"的击键工作。

开始击键之前,将右手拇指、食指、中指、无名指、小指分别放置在"0、4、5、6、Enter"键上,同时右手拇指可自然向掌心弯曲,手掌与键面基本平行。击键时,食指、中指、无名指和小指是以手指的指端轻轻快速地往下按键盘,而拇指则是以指端左侧面轻轻快速地往下按键盘。按键盘的要领是快速按、快速放,动作不能犹豫,按得慢、放得慢可能使同一个数字连续输入造成错误。当准备操作小键盘时,手指应轻轻放在相应的基准按键上。按完其他按键后,也应立即回复到原指定的基准按键上。由于数字小键盘之间的距离短,击键数量少,从基准键位到其他键位路径简单易记,所以很容易实现盲打,减少击键错误,提高输入速度。

二、计算机小键盘录入

(一)端正操作姿势

操作姿势正确与否直接关系到录入速度和质量。正确的姿势不仅能够提高工作效率,还可以减轻长时间上机操作引起的疲劳。

身体应自然垂直,两脚放平与胳膊平行,眼睛与屏幕的距离应在40~50厘米,显示器屏幕的位置应在视线以下 $10°\sim20°$。两肘贴于腋边,右手手指轻放于规定的基准键上,手腕平直;资料放在左边,以便左手能够翻看所要输入的数据。输入时,手稍微抬起,只有要击键的手指才伸出击键,击完后立即收回,不可停留在已击数字键上;击键时,必须依靠手指和手腕的灵活运动,不能靠整个手臂的运动。

(二)分工与定位右手指法

由于小键盘的数字键群与计算器基本相同,所以操作时的指法要求与其基本相同。为了便于有效地使用小键盘,通常将小键盘分为四个区域,每个手指负责一个区域。右手的中指,在小键盘分区中主要负责"/、8、5、2"键,一般是将中指放于"5"基准键上。右手的食指,在小键盘分区中主要负责"Num lock、7、4、1"键,一般是将食指放于"4"基准键上。右手的无名指,在小键盘分区中主要负责" ＊、9、6、3、."键,一般是将无名指放于"6"基准键上。右手的小指,在小键盘分区中主要负责"－、＋、Enter"键。右手的拇指,主要负责"0"键的按键工作,一般是将拇指放于"0"基准键上。

一般规定,右手的拇指、食指、中指、无名指和小指依次放于"0、4、5、6、Enter"基准键上。击键时,食指、中指、无名指和小指是以手指的指端轻轻快速地往下按键盘,而拇指则是以指端左侧面轻轻快速地往下按键盘。按键盘的要领是快速按、快速放，动作不能犹豫，按得慢、放得慢可能使同一个数字连续输入造成错误。当准备操作小键盘时，手指应轻轻放在相应的基准按键上。按完其他按键后，也应立即回复到原指定的基准按键上。由于数字小键盘之间的距离短，击键数量少，从基准键位到其他键位路径简单易记，所以很容易实现盲打，减少击键错误，提高输入速度。

知识加油站

数字小键盘输入方法技能训练

1. 利用传票小键盘的输入

在我们学习过程中，录入的数据资料即传票可采用全国珠算比赛使用的传票进行训练。

2. 利用软件进行数字小键盘的输入

常见的练习软件有"金山打字""数字小键盘练习""百乐财务金额小键盘打字练习"等。如用"百乐财务金额小键盘打字练习"软件进行练习时，可自行设定单据样式、计时方式、习题总量，经电脑随机出题后，根据模拟的"收款凭证、付款凭证、现金收入日记账、现金支出日记账、出库单、入库单"进行输入。可以多人练习，同一组题目还允许多次练习，以便相互对比找出经常出错的地方。此外，还有个人积分榜、练习成绩排行榜，以及同一组题目多次练习后的成绩对比表。这样可以及时发现薄弱环节，在短时间内快速突破单手输入关。

上述两项训练内容应该结合进行训练，可先利用软件熟悉小键盘操作，达到盲打也可准确输入的熟练程度，所花费的时间越少越好；再加强传票准确翻打方法的训练（可以利用两张一翻加心算的方式）；最后做到两者的有机结合。

任务三　操作传票翻打

【任务描述】

小明被招聘为某公司的统计员，在实习期的第一个月末，要把本月的单据全部录入电脑里。小明开始手忙脚乱了，面对厚厚的票据，要准确无误地录入电脑，没有准确快速的录入技能是根本完不成的。小明非常后悔，在学校学习传票翻打技能时，应多下功夫，练好基本功，掌握好这项技能，现在只能等下班之后继续苦练了。

本任务我们就来跟随小明一起学习传票翻打的操作。

【任务实施】

在了解传票翻打的基础知识之后,进一步学习传票翻打的基本程序及方法。

一、传票翻打的基础知识

翻打传票

传票是指用以传递记账用的凭证,是记账凭证以前的称谓。传票翻打,也称传票算,是指在经济核算过程中,对各种发票、单据或凭证进行汇总计算的一种方法,一般采用加减运算。它是运用数字小键盘进行数字录入及加减运算。它可以为会计核算、财务分析、统计报表提供及时、准确、可靠的基础数字,是财经工作者必备的一项基本功,并被列入全国中等职业学校财经专业指定比赛项目。除了作为珠算或珠心算的比赛项目外,在珠心算的段位鉴定中也有传票算。

(一)传票种类

(1)订本式传票。在传票的左上角装订成册,一般在比赛中使用。

(2)活页式传票。又称为百张凭条,有 100 页,不装订成册,每页两侧有一行数字,均为金额单位(反面没有数字),每一侧 100 页为一题,采用限量不限时的方法。在实际工作中,这种传票在银行业使用较多。

(二)传票规格

珠算比赛使用的传票规格:

(1)长 19 厘米、宽 9 厘米的 60 克书写纸,用 4 号手写体铅字印制。每面各行数字下加横线,其中第 2 行和第 4 行为粗线。

(2)传票在左上角装订成册,中间夹一或两根色带,每本共 100 页或 120 页(反面没有数字)。

(3)每页 5 行,各行数字从 1 到 100 页或从 1 到 120 页均为 550 字或 660 字。每笔最高为 7 位数,最低为 4 位数,均为金额单位。

(4)每连续 20 页为一题,计 110 个数字,0~9 各字码均衡出现。命题时,任意选定起止页数。例如,第 1 题从第 7 页至第 26 页(一)行、第 2 题从第 49 页至第 68 页(三)行等。

(5)在每个数字前,由上至下依次有题号(一)、(二)、(三)、(四)、(五)。其中,(一)表示第 1 行数字,(二)表示第 2 行数字,…,(五)表示第 5 行数字。

(6)页码印在右上角,一般用阿拉伯数字标明;每一页尺寸一样,并在左上角有空白处,计算时可用夹子夹起运算。

（7）比赛时,采用限时不限量的比赛方法,每场规定 15 分钟,正确一题得 15 分。

一页传票的样式如表 6—2 所示。

表 6—2　　　　　　　　　　　　传票样式

（一）	532
（二）	6 149
（三）	432 957
（四）	6 498 521.88
（五）	19 426 723

（三）比赛题型

传统比赛题的样式如表 6—3 所示。

表 6—3　　　　　　　　　　一张传票算题

题序	起止页码	行次	答案
1	15～27	（六）	
2	23～35	（二）	
3	46～58	（三）	
4	65～77	（五）	
5	86～98	（一）	
⋮	⋮	⋮	

表 6—3 中,"题序"表示计算的顺序,"1"表示第一道题,"2"表示第二道题,以此类推。比赛时不允许跳题,即两题之间丢一题不打。"起止页码"中的"起"表示从哪一页开始计算,"止"表示运算到哪一页为止。表 6—3 中第一题的起止页码是 15～27,表示从第 15 页开始运算,一直运算到第 27 页止。"行次"表示计算这一题的第几行。表 6—3 中第一题的行次是(六),表示要从第 15 页起一直到第 27 页共计 13 页都计算第六行数字,13 页计算完毕得出的答数,写在表中的"答案"栏内,这样就完成了一道题的运算。

知识加油站

常用会计符号介绍

会计员、出纳员在填写记账凭证、登记账簿、编制报表时,通常使用约定俗成的一些会计符号:

√——表示已记完账或已核对。填在凭证金额右边或账页余额右边的格子内。

￥——表示人民币。已在金额前写此符号的,金额后边就不用写"元"字。

@——表示单价。

△——表示复原。将原来书写的数字画红线更正或文字更改后,发觉错误,即原写的是对的,仍应恢复原来记载,便在被画线的数字或被更改的文字下边用红墨水写此符号,每个数码或文字下边写一个,并在这笔数字或文字加符号处盖小章。

□——表示赤字。在一笔数字周围画长方形框框,以代替红墨水书写,这在不能用红墨水书写的地方使用,大多用在书刊上。

♯——表示编号的号码。

∑——表示多笔数目的合计,即总和。

※——表示对某笔数字、文字另附说明。

二、传票翻打的基本要求

(一)坐姿端正

操作键盘时,要有正确的姿势。错误的姿势不但容易引起疲劳,同时也会影响录入的正确性和速度。

桌椅的高度要合适,坐姿要端正自然,腰要挺直,两脚放平,身体稍向前倾;两肘贴近身体,下臂和手腕向上倾斜,与键盘保持相同的斜度;手指自然弯曲,指尖轻放在基准键位上,按键要轻巧,用力要均匀,不可拱起手腕,也不可使手腕触到键盘上。

(二)指法正确

键盘指法是键盘录入的基础,要提高录入的速度,关键在于熟练掌握键盘指法。指法即规定每个手指管辖哪些键位,以充分发挥各个手指的作用,并实现盲打,从而提高击键的速度。如果指法不正确,不但影响速度,还容易出错。因此,初学者必须掌握正确的键盘指法并熟练运用。

1. 手指的分工

为了提高键盘的敲击速度,通常将小键盘划分为几个区域,每个区域都有一个手指负责,分工明确。通常规定,右手的拇指放在"0"键上,食指、中指、无名指和小指依次放在"4""5""6""Enter"基准键上。具体手指分工前文已述,此处不再重复。

2. 击键的指法

在录入时,手指要轻轻放在基准键上,手指自然弯曲拱起。手指的指端轻轻快速地往下击打键盘,击键要有弹性,击键后立即反弹,不可停留在已击的键上,击键动作要快速而果断。录入要有节奏,不能时快时慢、时轻时重。初学者应特别重视指法的正确性,在指法正确和有节奏的前提下,再求速度。打字时,用力的部位是指关节而不是手腕。一个手指在击键时,另外几个手指不要翘起来,特别是小指不要翘"兰花指"。

以下简单介绍爱丁数码传票翻打机的操作流程。

首先,检查设备配置是否齐全。

A. 传票翻打主机一台

D. 键盘包一个

B. 百张纸质传票一本

E. 充电器一个

C. 键盘一个

F. 使用说明书一本

图6—5 设备配置

其次,将键盘与主机连接,检验设备是否正常开机。

图6—6　连接键盘与主机

最后,点击主页面"传票算"开始传票录入。

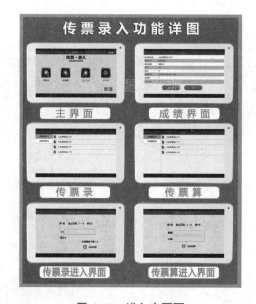

图6—7　进入主页面

图6—8　开始传票翻打

（三）翻页快速准确

1. 传票的摆放位置

在进行传票运算时，一般是左手翻动传票，右手计算。为了便于运算，传票应摆放在合适的位置上，可放于桌面或主键盘上，便于视线集中。如果使用小算盘，可将传票放在算盘的左上方。为便于左手翻页，传票的左底边应离开算盘顶框 2 厘米左右，左手放在传票偏左的位置上，用拇指突出的部位翻动传票。如果使用中型算盘或大算盘，可将传票斜放在算盘的左下方。

2. 整理传票

在拿到传票时，应首先检查传票中是否有缺页、重页的情况。为了不使翻动传票时一次翻两页或更多页，在运算前可将传票捻成扇形，并使每张传票自然松动，不出现粘在一起的情况。传票捻成扇形后用票夹夹住，以保持扇形翻页。

打扇形的方法是用两手拇指放在传票的封面上，两手的其余四指放在背面，左手捏住传票的左上角，右手拇指放在传票上面，然后向下捏，传票自然展开呈扇形。扇形幅度不宜过大，只要传票封面向下突出、背面向上突出，左手食指全部夹住已打开的传票就好。最后，用大票夹在传票的左上角呈 45°角将其夹住，使扇形固定防止错乱；用小票夹将最后一页右下角处夹住，垫起传票，以方便翻页。

3. 找页

在全国传票翻打比赛中，传票算不是按照传票的自然页数连续运算的，采用的是起始页无规律的题目，如第 1 题从传票第 34 页至第 44 页、第 2 题从第 66 页至第 76 页……在运算中找页动作速度的快慢、准确与否，直接影响传票运算的准确和速度，因此找页是传票算的基本功之一。找页要反复练习，关键是找手感，即凭手感掌握传票的厚度，如 10 页、20 页、30 页等的厚度，做到仅凭手感就可一两次找到所需要的页数，最好是一次就找到，如不能一次翻到，再用左手向前或向后调整。找页要经过刻苦练习，才能达到准确、迅速。

找页的基本要求是：右手在书写上一题的答案时，用眼睛的余光看清下一题的起始页数，用左手迅速、准确找到下一题的起始页数，做到边写答案边找页。

4. 翻页

传票翻打要求左手翻传票，右手录入，双手同时进行。翻页的方法是：左手的小指、无名指放在传票封面的左下方，拇指翻动传票，食指挡在翻过传票的背面，并用中指夹住已运算过的传票，拇指翻一页，食指立即挡在这一页,这样反复地翻、挡、夹。票页不宜翻得过高,角度应适宜,以能看清数据为准。翻页计算时,可采用一次一页打法,也可采用一次两页或三页打法。

5. 记页

在做传票运算时,为了避免计算过页或计算不够页,应采取记页(数页)的方法。记页就是在传票运算中记住终止页。当估计快要运算完该题时,用眼睛的余光扫视传票的页码,以防过页。在计算过程中要默记打了多少页,记页最好是打第一次默记 1,打第二次默记 2……打到 20,然后快速对照该题的起始页码,按"Enter"键进入下一组。

(四)眼、脑、手协调

翻打传票时,左手翻传票,眼睛看数,右手录入传票上的数据,要做到眼、脑、手协调配合,运算快速、准确。

三、传票盲打技巧

盲打是人们在长期的实践工作中逐步摸索、总结出来的快速计算方法,就是在用小键盘或计算器运算时,只看数字不看键盘,强调手、眼、脑的协调配合,做到眼到手就到,通过指法定位操作来完成计算、统计工作。由于速度快、效率高而被广泛采纳,尤其财务部门使用更为普遍,是财会人员必须掌握的一项基本技能。要想具有一定的打字速度,必须学会盲打,练习盲打的最基本方法是记住键盘指法。

(一)盲打的基本要求

掌握盲打这项技能,要做到以下几点:

1. 坐姿端正

正确的坐姿不仅对提高输入速度有较大帮助,还能减少长时间训练引起的疲劳。

2. 放置适合

传票放置的位置要与计算工具尽量接近,以便看数敲键。

3. 精力集中

注意力高度集中,做到眼到手到。

4. 把握节奏

在整个操作过程中,要注意掌握好节奏,不要时快时慢甚至停顿,要动作连贯,一气呵成。

(二)盲打的具体步骤

1. 练准确

(1)要求

从基准键位"4、5、6"练习起,再延展到其他键位,每一次打完数字后,食指、中指、无名指都要回到"4、5、6"基本键位上。手掌上下浮动带动手指敲击键位,手指微贴键盘有节奏地敲击,指尖抬起幅度1厘米以内,幅度不要过大。养成良好的指法对以后各阶段大幅度提速极为重要。要掌握不同键的位置,直到可以不用看就能准确无误地找准键位。

(2)方法

通过刻苦训练和多做练习熟悉键盘,最终达到盲打。

2. 练找页

(1)要求

熟悉传票,首先进行找页练习。找页的关键是练手感,即通过摸纸的厚度就能一次翻到邻近的页码。练习找页的步骤如下:

训练手感:先摸 50 页、100 页的厚度,再摸 20 页、30 页、40 页的厚度。

训练准确:要求翻动传票两三次就能找到需要的页数,最好一次找到。如翻到 47 页,第一次凭手感翻到 40 页左右,第二次向前或向后调整一下,迅速找到 47 页。

(2)方法

训练形式灵活多样,有序与无序找页相结合。

3. 练翻页

(1)要求

票页不宜翻得过高,角度以能看清数据为宜;同时翻页应保持连贯,拇指翻一页,食指立即挡住这一页。

(2)方法

先看翻,后盲翻。盲翻是指不看票面,不计数,凭手感,翻动 10 页、20 页、60 页。

4. 传票翻打

(1)要求

手、眼、脑协调配合,精神集中,翻打同步。

(2)方法

传票翻打要求眼、手、脑并用,将以上的练习结合起来并用。

四、注意事项

(一)放置适合

计算器的位置放置没有固定的要求,一般根据操作人员的实际情况,放于击打感觉最舒适的地方。位置找对后,不要随便移动,以免影响速度。

(二)握笔正确

运算时,将笔握在手中。握笔方法是,将笔横握在右手掌心,书写一端朝右侧,运算中靠大拇指控笔。良好的握笔习惯可以节省拿笔、放笔时间,提高运算效率。

任务四　操作网上银行

【任务描述】

小红是广州市中国银行的一名员工,被分配去做柜台业务,她对这份工作充满了信心。随着互联网的不断发展,网上银行越来越重要,由于小红刚开始工作,所以她对网上银行的了解较少,为了更好地完成工作任务,小红决定在工作闲暇时间学习网上银行的操作。

本任务我们就来跟随小红一起学习网上银行的操作。

操作网上银行

【任务实施】

准确、规范地操作网上银行,需要了解网上银行的基础知识。

一、网上银行基本知识

网上银行又称网络银行、在线银行或电子银行,它是各银行在互联网中设立的虚拟柜台,银行利用网络技术,通过互联网向客户提供开户、销户、查询、对账、行内转账、跨行转账、信贷、网上证券、投资理财等传统服务项目,使客户足不出户就能够安全、便捷地管理活期和定期存款、支票、信用卡及个人投资等。

知识加油站

网上银行的发展

1995 年 10 月 18 日,全球首家以网络银行冠名的金融组织——安全第一网络银行(Security First Network Bank,SFNB)——打开了它的"虚拟之门"。到 1997 年末,美国可进行交易的金融网站有 103 个,其中包括银行和存款机构,到 1998 年末跃升至 1 300 个。网络银行凭借着自己存款利息高和实时、方便、快捷、成本低、功能丰富的 24 小时服务,获得越来越多客户的喜爱,其自身数目也会迅速增长,成为未来银行业非常重要的一个组成部分。

1996 年 2 月,中国银行在国际互联网上建立了主页,首先在互联网上发布信息。随后工商银行、农业银行、建设银行、中信实业银行、民生银行、招商银行、太平洋保险公司、中国人寿保险公司等金融机构也已经在国际互联网上设立了网站。

2017 年 12 月 1 日,《公共服务领域英文译写规范》正式实施,规定网上银行标准英文名为 Online Banking Service。

越来越多的商业银行设立互联网金融部、数字金融部等,引入金融科技公司开放合作,打造数字化银行。中国银行业总体上数字化程度不断加深,从 2010 年的 14.83% 增长至 2018 年的 73.78%。

2021 年,中国进出口银行河南省分行扎实推进网上银行业务,助力企业创新发展。

(一)网上银行的优势

网上银行的特点是客户只要拥有账号和密码,便能在世界各地通过互联网进入网上银行处理交易。与传统银行业务相比,网上银行的优势体现在以下几点:

(1)大大降低银行经营成本,有效提高银行盈利能力。开办网上银行业务,主要利用公共网络资源,不需要设置物理的分支机构或营业网点,减少了人员费用,提高了银行后台系统的效率。

(2)无时空限制,有利于扩大客户群体。网上银行业务打破了传统银行业务的地域、时间限制,具有 3A 特点,即能在任何时候(Anytime)、任何地方(Anywhere)以任何方式(Anyhow)为客户提供金融服务,既有利于吸引和保留优质客户,又能主动扩大客户群,开辟新的利润来源。

(3)有利于服务创新,向客户提供多种类、个性化服务。通过银行营业网点销售保险、证券和基金等金融产品,往往受到很大限制,主要是由于一般的营业网点难以为客户提供详细的、低成本的信息咨询服务。利用互联网和银行支付系统,容易满足客户咨询、购买和交易多种金融产品的需求,客户除办理银行业务外,还可以很方便地进行网上买卖股票、债券等,网上银行能够为客户提供更加合适的个性化金融服务。

(二)网上银行的技术要求

从技术的角度看,网上交易至少需要四个方面的功能,即商户系统、电子钱包系统、支付网关和安全认证。其中,后三者是网上支付的必要条件,也是网上银行运行的技术要求。

1. 电子钱包系统

电子钱包是电子商务购物(尤其是小额购物)活动中常用的一种支付工具。电子钱包用户通常在银行里都有账户。在使用电子钱包时,先安装相应的应用软件,然后利用电子钱包服务系统把自己账户里的电子货币输进去。在发生收付款时,用户只需在计算机上单击相应项目即可。系统中设有电子货币和电子钱包的功能管理模块,称为电子货币钱包管理器。用户可以用它来改变口令或保密方式等,以及用它来查看自己银行账户上电子货币收付往来的账目、清单及其他数据。系统中还提供了一个电子交易记录器,用户通过查询记录器,可以了解自己购物的记录。

2. 支付网关

支付网关是银行金融系统与互联网之间的接口,是连接银行内部网络与互联网的一组服务器。其主要作用是完成两者之间的通信、协议转换和进行数据加密、解密,以保护银行内部网络的安全。离开了支付网关,网上银行的电子支付功能也就无法实现。

随着网络市场的不断增长,网络交易的处理将成为每一个支付系统的必备功能。今天的商户在数据传输方面常常是低效率的,有了支付网关,这个问题便可得到有效的解决,它使银行或交易商在网络市场高速发展和网络交易量不断增长的情况下,仍可保持其应有的效率。

3. 安全认证

电子商务认证机构(Certification Authority,CA)是为了解决电子商务活动中交易参与各方身份、资信的认定,维护交易活动的安全,从根本上保障电子商务交易活动顺利进行而设立的;它对于增强网上交易各方的信任、提高网上购物和网上交易的安全、控制交易风险、推动电子商务的发展都是必不可少的。

(三)网上银行的分类

1. 按照有无实体分类

按照有无实体网点,我们可以将网上银行分为两类:

一类是完全依赖于互联网的电子银行,也叫"虚拟银行"。所谓虚拟银行,就是指没有实际的物理柜台作为支持的网上银行,这种网上银行一般只有一个办公地址,没有分支机构,也没有营业网点,采用国际互联网等高科技服务手段与客户建立密切的联系,提供全方位的金融服务。

另一类是在现有传统银行的基础上,利用互联网开展传统的银行业务交易服务,即传统银行利用互联网作为新的服务手段为客户提供在线服务,实际上是传统银行服务在互联网上的延伸。这是网上银行存在的主要形式,也是绝大多数商业银行采取的网上银行发展模式。

2. 按照服务对象分类

按照服务对象,我们可以把网上银行分为个人网上银行和企业网上银行两种。

(1)个人网上银行

个人网上银行主要适用于个人和家庭的日常消费支付与转账。客户可以通过个人网上银行服务,完成实时查询、转账、网上支付和汇款功能。个人网上银行服务的出现,标志着银行的业务触角直接伸展到个人客户的家庭 PC 桌面上,方便使用,真正体现了家庭银行的风采。

(2)企业网上银行

企业网上银行主要针对企业与政府部门等企事业客户。企事业组织可以通过企业网上银行服务,实时了解企业财务运作情况,及时在组织内部调配资金,轻松处理大批量的网上支付和工资发放业务,并可处理信用证相关业务。

(四)网上银行的业务范围

一般来说,网上银行的业务品种主要包括基本网银业务、网上投资、网上购物、个人理财助理、企业银行及其他金融服务。

1. 基本网银业务

商业银行提供的基本网上银行服务包括在线查询账户余额、交易记录,下载数据,转账和网上支付等。

2. 网上投资

由于金融服务市场发达,可以投资的金融产品种类众多,国外的网上银行包括股票、期权、共同基金投资和 CDs 买卖等多种金融产品服务。

3. 网上购物

商业银行的网上银行设立的网上购物协助服务,大大方便了客户网上购物,为客户在相同的服务品种上提供了优质的金融服务或相关的信息服务,加强了商业银行在传统竞争领域的竞争优势。

4. 个人理财助理

个人理财助理是国外网上银行重点发展的一个服务品种。各大银行将传统银行业务中的理财助理转移到网上进行,通过网络为客户提供理财的各种解决方案,提供咨询建议,或者提供金融服务技术的援助,从而极大地扩大了商业银行的服务范围,并降低了相关的服务成本。

5. 企业银行

企业银行服务是网上银行服务中最重要的部分之一。其服务品种比个人客户的服务品种更多,也更为复杂,对相关技术的要求也更高,所以能够为企业提供网上银行服务是商业银行实力的象征之一,一般中小网上银行或纯网上银行只能部分提供,甚至完全不提供这方面的服务。

6. 其他金融服务

除了银行服务外,大商业银行的网上银行均通过自身或与其他金融服务网站联合的方式,为客户提供多种金融服务产品,如保险、抵押和按揭等,以扩大网上银行的服务范围。

二、网上银行业务操作

(一)查询功能

1. 账户信息查询

查询签约及授权账户资金的余额和交易明细。

(1)余额查询

点击"查询—账户信息查询",选择待查的账户,点击"余额查询"。

(2)账户明细查询

直接点击账号查询交易明细记录,输入查询的条件,时间段为 3 个月内,可使用旁边小键盘录入日期。查询结果页面提供下载、打印功能。

2. 交易流水查询

查询在企业网上银行办理的转账交易流水记录,起止时间为制单员生成单据时间。企业补打网银电子凭证可通过此功能实现。对于在网上银行办理的转账交易,可以打印交易回单,点击"明细"下面具体数字,再点击"回单打印"。转账交易结果必须以"明细查询"结果为准。

3. 不确定交易查询

由于通信或网络故障原因,可能造成某些交易结果不确定,可以通过此操作来确定该笔交易的银行处理状态。操作员通过"查询—不确定交易查询",点击"确定",系统反馈交易真实结果。对于系统提示"操作失败,处理结果不确定"(交易未真实反映),多由于网络繁忙导致,通过"不确定交易查询"确定交易状态,系统返回该笔交易的实际处理结果"交易成功"或"交易失败"。返回信息仅限提示,该笔交易在单据交易日期已经成功或失败。

为确保交易的正确性,需要记录交易的凭证号、交易金额和收款方资料,并建议在"账户明细查询"中查询该交易日及下个工作日的账户明细记录,若明细记录中显示出该笔交易,则可确定该笔交易已成功发送银行进行账务处理,切勿在没有确认交易指令结果状态情况下重新制单发起交易,避免出现重复交易。

4. 定时批量查询

查询定时、定频率等异步处理交易(包括跨行非营业时间提交的交易)。最后一级复核员可通过"定制情况查询",删除查询到的未处理的异步交易。

(二)企业间资金划转

1. 相关功能

(1)快速制单

选择签约、授权或历史单据中收款方信息制单。

(2)自由填单

依据收款方是建行或他行,自行填写收款方相关资料的制单。

(3)制单删除

在下级操作员尚未复核前,可将单据主动删除。

(4)批量付款

将多个付款信息通过文件方式生成批量单据上传。

(5)网上缴费

通过网上银行缴纳网银年费。

2. 具体流程

(1)制单员进行制单。

(2)由适用的转账流程中所设置的复核员进行复核。

(3)若超过转账流程中所设置的最高金额,需由主管进行审批。

(4)如最后一级复核或审批未设置定时交易,则复核或审批后系统自动发送交易至银行进行账务处理。

(5)如设置了定时交易,则最后一级复核或审批后银行对交易暂时不做账务处理,待到所设置的时间才记账。

任务五　操作电子收银机

【任务描述】

　　小严是某职业学校的一名三年级学生,被安排在超市做收银工作。小严在实习期里,有好几次被顾客投诉,经常被主管叫去训话,原因到底是为什么呢? 原来小严在操作收银机时,经常出现一些问题,影响了收银工作的正常进行。例如,有一天,在办理业务过程中突然收银机的读卡器读不出信号了,由于小严不懂得收银机的简单维护和修理,导致当天的生意大受影响。为了更好地完成工作任务,提高顾客满意度,小严决定好好学习电子收银机的操作。

　　本任务我们就来跟随小严一起学习电子收银机的操作。

操作电子
收银机

【任务实施】

　　电子收银机主要是指 POS 收银机,学习收银基本操作流程之前,需要了解一下电子收银机的基础知识。

一、电子收银机的基础知识

(一)电子收银机的概念

　　电子收银机简称 ECR,是用于商品交易结算和管理的精密计算机设备,具有保存自动查询、打印显示单品信息、计算交易情况、各方位统计报表、断电数据保护等功能。它是微电子技术与现代化商品流通管理理念和技术发展相结合的产物,是现代化、自动化的商业经营与管理必不可少的基本电子设备之一。

　　世界上最早的收银机是 1879 年由美国的詹姆斯·利迪和约翰·利迪两兄弟制造的,其功能只能实现营业记录备忘和监督雇员的不轨行为。在 20 世纪 60 年代后期,随着电子技术的迅速发展,日本率先研制成功了电子收银机(ECR)。到 20 世纪 80 年代中期,功能强大的商业终端系统(POS)产生,称为第三代收银机。

(二)POS 收银机的基本结构

　　收银机主要是指 POS 收银机,是微电子技术与商品流通业相结合迅速发展的产物,它已经成为以商场和超市为代表的现代商品零售企业前台收银的主要工具,是现代商业企业财务管理中不可缺少的一部分。其基本结构如图 6—9 所示。

图 6—9 POS 收银机

POS 收银机的基本结构如下：

1. 顾客显示器

顾客显示器的屏幕是面向顾客的，用于收银员在录入商品价格时同步显示给顾客，以便顾客及时核对所购商品的价格信息。

2. 主机显示器

在收银机上的显示器即计算机的屏幕，它是收银员录入各种商品及相应价格信息的显示器，主要用于收银员查看核对商品信息。

3. 主机

POS 机主机是整个收银机的核心部件，控制着 POS 机的全部运行过程。它是实现商场、超市、人、财、物、购、销、存一体化管理的核心，是 POS 机的中央处理器。

4. 小票打印机

小票打印机根据不同厂商生产的 POS 机不同，分为热敏打印机和针式打印机。小票打印机主要功能是为顾客打印出收银小票，作为顾客购物以及将来发生退换货时的一种凭证。

5. 键盘

POS 机的键盘是收银机的另一个主要部件，它是收银机各项功能得以实现的主要途径之一。POS 机的键盘不同于普通电脑的键盘，除了完成数字信息的输入，还为收银工作设置了一些特殊的功能键。有的 POS 机键盘在出厂时，键内容为空，不同的用户可根据具体需要编程确定各键的功能。

6. 电子钱箱

电子钱箱是收银员在工作时存放款项的小钱柜，与 POS 机相连并配有电子锁。在收银机键盘上有功能键连接控制,按下此功能键,电子钱箱可自动打开。箱内为存放不同面额的钞票设置了若干小方格,各方格内为钞票的整齐存放配有压钞夹。

(三)POS 机的外部设备

随着商品经济的发展,电子技术在收银技术方面得到了更广泛的应用。为满足各种商业企业发展的需求,更好地完成收银业务,POS机的外部设备逐渐增多,常见的主要有以下几种:

1. 条码扫描器

条码扫描器是条形码的阅读装置,是建立在条形码技术的基础之上,用于收银业务时通过扫描商品的条形码而获取商品信息。平时在各大商场和超市最常见的有三种:手持式、固定式和嵌入平台式。

2. 磁卡读卡器

这是为方便客户使用各种会员卡、储蓄卡、信用卡、购物卡等而在超市和商场的收银业务中设置的一种磁记录的读写设备,有的电子收银机自带专用读卡器,它的种类繁多,从磁迹数量上分为单轨、双轨和三轨。

3. 电子秤

不同于普通的电子秤,POS机电子秤在称重时能将其商品的数据通过网络传输给电子收银机,实现双向自动识别,从而加速了收银的效率。

(四)POS 收银机常用功能

1. 商品录入

支持手工录入和条码扫描两种方式,可更正和修改数据。

2. 钥匙控制

一般分为普通收银员级、收银主管级、经理级、系统操作员级。

3. 商品交易

准确、快速地完成销售、收款、打单、找零等商品交易过程。

4. 现金收取

支持多种付款方式,如现金、银行卡、优惠券等。

5. 信息处理

收到信息能自动进行信息处理,如自动累计、计算金额等。

6. 单品管理

按商品编码或条码进行销售。

7. 部门管理

按商品大类或品牌进行销售。

8. 员工管理

收银员的销售业绩、财务管理以及营业员的劳效统计等。

9. 顾客管理

根据顾客的购物情况,分析购物高峰及购物倾向。

10. 促销管理

支持多种销售模式的切换。

11. 流水管理

可自动记录、打印销售流水账表。

12. 税收管理

税控收款,自动计算税金。

13. 错误更正

对错误操作进行修改,可办理退货、退款等操作。

14. 非销售业务管理

非销售业务的收支处理。

15. 通信联网管理

可与 PC 机联网,组成网络管理系统。

16. 后台管理

如库存管理、ABC 分析、滞销表、畅销表等。

(五)电子收银机的作用

(1)实现了准确、高速的收银业务。

(2)使企业加强了经营管理服务,杜绝了收银员的舞弊行为。

(3)适应当今社会经济高速发展的需求,实现了多种付款方式。

知识加油站

POS 收银机的特点

收款迅速,操作简便;

支持多种付款方式;

结账精确,杜绝舞弊;

多种新设备与技术的集成。

二、POS 收银机的常见故障及解决办法

(一)收银机鸣叫

检查打印纸是否用完或未装纸;有一笔未销售完的业务没有结账;机器有连线脱落;操作按键错误或键盘无法复位。

(二)打不开机器及屏幕无显示

检查电源插座是否有电;检查连线是否松动或脱落;检查内存条是否损坏或太脏;检查显示器是否打开。

(三)开机无法进入操作系统

操作系统需重装;硬盘连线损坏或硬盘损坏需要维修;非法关机需要等待检测完毕或重新启动。

(四)通信问题

检查外线设置是否正确;确认交易参数设置是否正常。

(五)死机

立即按"ALT＋CTRL＋SHIFT"三个键,终止程序运行,重新启动;通过启动,重新登录操作。

(六)扫描故障

检查扫描器接口是否接好;检查商品条码是否有误。

(七)钱箱故障

检查钱箱是否上锁;检查钱箱后的数据线是否与打印机钱箱接口连接;检查钱箱内部电磁阀是否损坏;检查钱箱内抽屉是否被异物卡住;检查钱箱底部的应急开启杆是否被挤住。

知识加油站

POS 收银机操作注意事项

临时离开柜台,应锁定键盘,防止现金丢失。

收银员下班前必须交班,如不交班,下一个收银员进入不了系统。

遇到突然停电,收银员首先结束当前交易,等待正常供电,如时间过长,应关闭 POS 机。

三、收银基本操作流程

(一)收银机操作步骤

1. 开机

检查收银机周围是否有异常现象,无异常现象后打开收银机电源开关,等待收银机启动,直到出现员工登录界面,然后输入签到密码和员工工位号,每一位员工都有唯一工位号和密码,如果数字输入正确,收银机正常进入收银状态,同时打印出签到票据。

2. 收银业务的操作

在收银销售业务操作之前,检查收银机是否联网、打印机是否能够正常打印、客户显示器能否正常工作、电子钱箱能否正常打开。均无异常，便可开始工作。收银业务主要通过键盘输入商品编码或条形码自动扫描商品信息，主要分为以下几种情况：

（1）单项商品交易的操作

输入单价、部门号，唱收款项（顾客付款），按"现金/合计"键，同时打印购物小票。

（2）多件同种商品交易的操作

条形码扫描器可连续扫描几次商品获得购买数量及单价。收银员也可以输入商品数量后，首先按"X"键再输入单价、部门号，然后按"小计"键（顾客付款），最后按"现金/合计"键，同时打印购物小票。

（3）多种商品多件交易的操作

首先输入数量、单价、部门号，然后每一种商品按"小计"键一次，重复 n 次，就实现了多种商品交易，输入金额（顾客付款），最后按"现金/合计"键，打印购物小票。

3. 退出

不同 POS 机退出是不一样的，通常在销售窗口按回车键或"1"，方可退回到员工登录界面，等待交接班，下一个员工登录。

4. 关机

销售业务结束以后，员工首先退回到登录界面，然后按"退出"键，屏幕上出现是否关机的对话框，点击"是"，进入关机状态。等待将会出现"你现在可以关闭计算机"的字样，最后关闭所有电源开关。

5. 输入交易明细

在"销售"窗口中，在明细"货号"栏输入商品代码（可以用条码扫描、键盘输入代码和热键三种方法）。如果没有此商品，则不显示该商品的名称等信息且光标停留在"货号"栏中；如果存在此商品，则会显示该商品的名称、单价等信息。如要修改，可以使用箭头键，将光标移动到需要修改的明细上，直接进行修改。

6. 交易开票

按照前一条所述，进入交易界面后，屏幕右上角第二行将显示当前交易的"应收"金额，在"预付"金额中输入顾客所付的金额数，按 Enter 键后显示"应找"金额，再按下开票键，当前交易即完成。

7. 退货

在"销售"窗口中，按退货键即进入"退货"窗口。如果屏幕中间出现"经办人登录"的窗口，说明当前登录的员工没有"退货"权限。如果经办人登录成功，则进入"退货"窗口。

8. 冲账

对已做过的交易产生一笔新交易使之冲抵称为冲账。在"销售"窗口中,按冲账键即进入"冲账"窗口。如果屏幕中间出现"经办人登录"的窗口,则说明当前登录的员工没有"冲账"权限。如果经办人登录成功,则进入"冲账"窗口,选择某一笔交易,按开票后进入冲账。

9. 修改口令

在"销售"窗口中,按下功能键,出现修改口令框;先输入旧的口令,如果正确就可以输入新的口令。输入新的口令,需要将新的口令再输一遍,前后口令必须一致。

(二)选择收款机的注意事项

1. 可靠性高

收款机的使用频率很高,且使用环境差,这就对收款机的可靠性提出更高的要求。首先是设计水平要高,其次是产品的生产工艺及选用的器件质量要好,最后是产品的出产检验要完善。

2. 易维护

收款机在长期使用过程中,不可能不出现故障。这要求产品在设计时充分考虑到这一点,故障提示清晰,部件更换方便。

3. 易操作

由于目前我国收款员水平有待提升,这就要求收款机操作起来简单明了。

4. 要有长期服务

收款机是一种专用的高科技产品,其中有一部分是易损件和易耗品,这就要求供应商具有较高的技术支持和充裕的备件供应。特别是初期使用不够熟练,要求商家随时对客户提出的问题做出反应。

中国智慧

我国银行的发展历程

银行在我国起源于唐朝,在唐宣宗时期(公元 846—859 年),苏州就有"金银行"出现。《太平广记》中有"行首率其党,纠集徒,迎拌赛社,所献无匹",可见其资力之雄厚、店铺与工匠之多。北宋嘉祐二年(公元 1057 年),蔡襄知福州时,作《教民十六事》,其中第六条为"银行轧造吹银出卖许多告提"。

这是"银行"一词单独出现最早的时间。到了南宋乾道六年(公元 1170 年),建康(今南京)城内不仅有远谷市、纱市、盐市、牛马市,而且"银行、花行、鸡行、镇淮桥、新桥、筐桥、清化桥皆市也"。可见,银行那时在南京就已存在,而且成"市"。到了景定元年(公元 1260 年),竟成了一条"银行街",其街非常繁华。

虽然在中国从 7 世纪到 10 世纪初期的唐朝就已经出现了办理金融业务的独立机构,但当时的"银行"经营范围比较单一。明朝中叶出现的钱庄和清朝产生的票号,实际都具有银行的性质。

这类采取封建式组织管理形式的金融机构,都是独资或合资经营的,很少有分支机构,资金力量薄弱,业务范围小,与股份银行在业务经营和管理方式等方面有着很大的差别。

中国的第一家民族资本银行是 1897 年成立的中国通商银行。

1905 年,清政府成立"大清户部银行",是中国最早的国家银行、最早的官办银行,总行设立于北京。1907 年清光绪三十二年,大清户部银行在济南设立济南分行。1908 年,大清户部银行更名为大清银行。新中国成立的前一年,1948 年 12 月,在华北银行的基础上成立了中国人民银行。1932 年成立的苏维埃国家银行,后改组为陕甘宁边区银行。

1949 年以后,在没收官僚资本银行的基础上,结合组织各革命根据地的银行,在中国人民银行的领导下,将原来的官僚资本银行改组为新的中国银行、交通银行和农业合作银行。此后,又新建和改组了中国人民建设银行、中国农业银行等。

实训演练

一、电子计算器功能键的使用

(一)实训目的
了解电子计算器中每一个功能键的使用目的与方法。

(二)实训要求
每位学生能在教师的提醒下准确说出功能键的用途,能够用"盲打"的方式找出相应键的位置。

(三)实训过程
定时不定量训练:将下列各数反复输入 20 分钟,要求逐步实现"盲打"。

(1)1232 5726 9489 3573 6258

(2)12345 54321 75324 96512 88657

(3)0123456789 9876543210 1369753278 1656975395 7898537620

二、模拟商场收银流程

(一)实训目的

熟悉超市收银营业工作流程。

(二)实训要求

熟练掌握营业中收银每一项工作的操作方法过程。

(三)实训过程

1. 营业前的准备工作

营业前的收银准备是收银工作的起点,要求认真、充分地准备。

2. 营业中的收银工作

营业中的收银作业流程是收银工作中最重要、最核心的流程,本阶段的总体要求是准确、礼貌、迅速。

3. 营业结束后的撤离工作

营业结束后的撤离工作流程包括暂停收银、打印"班结"清单、提交现金等,本阶段的要求是细致、认真。

项目七
会计软件应用技能

学习目标 ▮

素质目标

1. 培养学生动手操作能力。
2. 培养学生严谨细致、遵规守矩、团结协作以及勇于吃苦的精神。

知识目标

1. 了解会计电算化。
2. 正确操作常见的财务会计软件,认识了解其他财务软件。
3. 熟练掌握用友、金蝶会计软件的应用技能,会利用财务软件进行相关业务的操作。

技能目标

1. 能够熟练、规范地掌握金蝶财务软件的使用。
2. 能够熟练、规范地掌握用友财务软件的使用。

案例导入

财务给假"老板"汇去数十万元

杭州某民营企业的财务人员唐女士,接到一个 QQ 用户的好友申请,自称是她老板的另一个 QQ 号。唐女士发现,该 QQ 用户与老板的常用 QQ 头像、状态等其他信息一模一样,且在沟通过程中觉得与其聊天沟通的人跟老板的口气毫无二致,遂信以为真。

接着,QQ 中的"老板"称,有个新项目谈成,要前期付款,让她把数十万元汇到指定账户。据唐女士事后回忆:其实当时老板就坐在她隔壁的办公室,但由于老板为人威严,她平时就很怕老板,加上当时 QQ 中的"老板"不停催她,她也没多想,就赶紧第一时间照指示汇款数十万元。尽管汇出后很快发现有问题,并去公安机关报案,但由于骗子已将账户中的一半资金转移,造成了实际损失发生。后经多方努力,部分资金被追回,但已经被转走的资金迄今为止未能破案追回。

根据以上案例分析来看,骗子首先会主动掌握一些主要信息,比如公司信息、公司各级职务及姓名或常用名、近期公司对外合作公司往来内容、工作中的交谈方式等,骗子会有意识地通过社交软件骗取重要人员(财务出纳)信任,诱导其向指定账户打款。当前普遍使用互联网软件沟通办公事宜较多,公司信息泄露问题严重,对此问题的危害性认识不足。并且企业自身管理存在严重缺陷,中小企业财务制度的随意性大,违反相关财务流程,使最终发生损失成为可能。因此,财务软件的使用极为重要,且使重要数据的传输更为安全。

任务一　应用用友财务软件和金蝶财务软件

【任务描述】

> 刘芳大专毕业后,在一家企业找到了一份会计工作,这次能够在众多竞争者中脱颖而出,完全取决于她对于各种财务软件的熟练掌握。由于在读书时,学校比较重视对学生实际操作能力的培养,刘芳在上学期间认真学习了各种财务软件的实际应用知识,所以一毕业她就能够很快地进入工作状态,进行实际业务操作。企业也正是看中了这一点才最终录用了她。
> 　　本任务我们就来了解会计电算化。

【任务实施】

会计电算化包括会计核算电算化、会计管理电算化和会计决策电算化,本任务学习的财务软件主要是金蝶财务软件及用友财务软件。

一、会计电算化基础知识

(一)会计发展阶段

1.古代会计

人类原始计量记录行为的发生是以人类生产行为的发生和发展作为根本前提的,它是社会发展到一定阶段的产物。古代会计,从时间上说,就是从旧石器时代的中晚期至封建社会末期的这段漫长时期。

从会计所运用的主要技术方法方面看,涉及原始计量记录法、单式账簿法和初创时期的复式记账法等。此期间会计所进行的计量、记录、分析等工作一开始是同其他计算工作混合在一起,经过漫长的发展过程后,才逐步形成一套具有自己特征的方法体系,成为一种独立的管理工作。

2.近代会计

一般认为,从单式记账法过渡到复式记账法,是近代会计形成的标志。

近代会计的时间跨度标志一般认为应从 1494 年意大利数学家、会计学家卢卡·帕乔利所著《算术、几何、比及比例概要》一书公开出版开始,直至 20 世纪 40 年代末。此间在会计的方法技术与内容上有两点重大发展:其一是复式记账法的不断完善和推广;其二是成本会计的产生和迅速发展,继而成为会计学中管理会计分支的重要基础。

在近代会计阶段,有两个重要的时间,称为近代会计发展史上的两个里程碑:一是复式账簿的产生;二是世界上成立第一个会计师协会——爱丁堡会计师公会。

近代会计的核心理论贡献主要有折旧的思想、划分资本与收益、重视成本会计和财务报表审计制度。

3.现代会计

现代会计是商品经济的产物。14—15 世纪,由于欧洲资本主义商品货币经济的迅速发展,促进了会计的发展。其主要标志:一是利用货币计量进行价值核算;二是广泛采用复式记账法,从而形成现代会计的基本特征和发展基石。20 世纪以来,特别是第二次世界大战结束后,资本主义的生产社会化程度得到了空前的发展,现代科学技术与经济管理科学的发展突飞猛进,受社会政治、经济和技术环境的影响,传统的财务会计不断充实和完善,财务会计核算工作更加标准化、通用化和规范化。

与此同时，会计学科在 20 世纪 30 年代成本会计的基础上，紧密配合现代管理理论和实践的需要，逐步形成了为企业内部经营管理提供信息的管理会计体系，从而使会计工作从传统的事后记账、算账、报账，转为事前的预测与决策、事中的监督与控制、事后的核算与分析。

管理会计的产生与发展，是会计发展史上的一次伟大变革，从此，现代会计形成了财务会计和管理会计两大分支。随着现代化生产的迅速发展、经济管理水平的提高，电子计算机技术广泛应用于会计核算，使会计信息的收集、分类、处理、反馈等操作程序摆脱了传统的手工操作，大大地提高了工作效率，实现了会计学科的根本变革。

现代会计的时间跨度是自 20 世纪 50 年代开始的。此间会计方法技术和内容的发展有两个重要标志：一是会计核算手段方面质的飞跃，即现代电子技术与会计融合导致的"会计电算化"；二是会计伴随着生产和管理科学的发展而分化为财务会计和管理会计两个分支。

1946 年在美国诞生了第一台电子计算机，1953 年便在会计中得到初步应用，其后迅速发展，至 20 世纪 70 年代，发达国家就已经出现了电子计算机软件方面数据库的应用，并建立了电子计算机的全面管理系统。从系统的财务会计中分离出来的"管理会计"这一术语在 1952 年的世界会计学会上获得正式通过。

（二）会计电算化的概念

会计电算化的概念随着我国会计电算化事业的发展也在不断发展丰富。一般而言，会计电算化有狭义和广义之分。狭义的会计电算化，是指以电子计算机为主体的当代电子信息技术在会计工作中的应用。具体来说，就是利用会计软件，使各种计算机设备代替手工工作，或完成在手工状态很难完成甚至无法完成的会计工作的过程。广义的会计电算化，是指与实现会计工作电算化有关的所有工作，包括会计电算化软件的开发和应用、会计电算化人才的培养、会计电算化的宏观规划、会计电算化的制度建设、会计电算化软件市场的培育与发展等。

需要说明的是，我们将计算机在会计中的应用称为会计电算化，而把与计算机技术和会计学交叉的应用学科称为"电算化会计"。在西方国家，一般统称为电子数据处理会计（electronic data processing accounting），或称计算机会计（computer accounting）。因此，会计电算化与电算化会计在所指代的对象上有所不同，应区别使用。

会计电算化的内容比较广泛，可以从不同的角度进行归纳。按照会计电算化的服务层次和提供信息的深度，可以将其分为三个不同的发展阶段：会计核算电算化、会计管理电算化和会计决策电算化。

会计核算电算化是会计电算化的初级阶段，主要是运用计算机代替手工核算完成初始化和日常的会计核算业务。这一阶段的主要工作内容包括设置会计科目、填制会计凭证、登记会计账簿、结账、成本核算、编制会计报表等。

会计管理电算化是在会计核算电算化的基础上，利用会计核算系统提供的数据和其他有关信息，借助计算机会计管理软件提供的功能和其他信息，帮助财会人员合理地规划和运用资金，以达到节约生产成本和费用开支，从而最终提高经济效益的目的。会计管理电算化的主要任务是进行会计预测、编制财务计划、实施财务控制和开展会计分析等。

会计决策电算化是会计电算化的高级阶段。它是在会计管理电算化系统提供信息的基础上，结合其他的数据和信息，借助决策支持系统的理论和方法，帮助决策者制订科学的决策方案。例如，生产决策、销售决策和财务决策等。所谓决策支持系统，是一种辅助决策人员进行决策的人机对话系统。它不是代替人来决策，而是以现代信息技术为手段，为决策者提供所需的各类信息，提供相应的科学方法和数学模型，帮助决策者选择最佳方案，以减少或避免决策失误、降低决策风险。

(三)会计电算化的作用

(1)提高会计数据处理的时效性和准确性，提高会计核算的水平和质量，减轻会计人员的劳动强度。手工会计条件下，会计数据处理主要靠人工操作，效率低，错误多，工作量大。会计电算化也在一定程度上提高了会计核算的水平和质量。

(2)提高经营管理水平，使财务会计管理由事后管理向事先预测、事中控制转变，为管理信息化打下基础。会计的基本职能包括核算和监督。手工条件下，会计把更多的时间和精力放在了会计核算上。会计电算化以后，会计工作效率提高了，会计人员可以腾出更多的时间和精力参与经营管理。

(3)推动会计技术、方法、理论创新和观念更新，促使会计工作进一步发展。会计数据处理技术经历了手工方式、机械方式和电子计算机方式。计算机会计的产生，使得会计数据处理技术有了质的更新。

(四)电算化会计核算与手工会计核算流程的区别

1. 数据处理的起点和终点不同

在手工方式下，会计业务的处理起点为原始会计凭证；而电算化会计核算可以以记账凭证、原始凭证、机制凭证为处理起点。在手工方式下，会计期间的会计业务以财会人员编制并上报财务报表为工作终点；

在会计电算化核算中,则以计算机自动输出账簿和输出固定报表为终点,将各种格式变动的内部及外部报表的编制与输出工作,交由单独的报表模块来完成。

2. 数据处理方式不同

在手工方式下,会计数据是通过将记账凭证由不同的财会人员分别登记到不同的账簿中,完成数据处理;而电算化会计核算系统进行数据处理时,记账只是一个数据处理的过程,不需要每个人执行一遍账簿登记工作,数据间的运作与归集由计算机自动完成,大大减轻了财会人员的记账工作量。

3. 数据存储方式不同

在手工方式下,会计数据存储在凭证、日记账、总账、明细账等纸张中;而在电算化会计核算系统中,数据存储在凭证文件、汇总文件等数据库文件中,在需要时通过打印机输出。

4. 是否需要账账核对不同

在手工方式下,按照复式记账的原则,总分类账、明细分类账必须采用平行登记的方法,根据每张记账凭证登记明细账,而利用汇总数据登记总分类账,然后财会人员定期将总分类账与日记账、明细账进行核对,当明细账与总账的数据不相符时,说明必然有一方或双方有记账错误。从一定意义上可以说,这是手工方式下一种有效的查错方法。而电算化会计核算采用预先编制好的记账程序自动、准确、高速地完成记账过程,明细与汇总数据同时产生。只要预先编制好的程序正确,计算错误完全可以避免,这样就没有必要进行总分类账、日记账、明细分类账的核对了。

5. 会计资料的查询方式不同

在手工方式下,财会人员为编制一张急需的数据统计表,或查找急需的会计数据,要付出很多劳动;而在电算化会计核算中,由于计算机具有高速数据处理能力,财会人员只需通过选择各种查询功能,就可以用最快的速度完成数据的查询统计工作。

6. 人员结构不同

手工系统中的人员均是会计专业人员,其中的权威是会计师;会计电算化信息系统中的人员由会计专业人员,电子计算机软件、硬件及操作人员组成,其中的权威是系统设计师。

7. 内部控制方式不同

手工系统对会计凭证的正确性一般从摘要内容、数量、单价、金额、会计分录等项目来审核,对账目的正确性一般从三套账册的相互核对来验证。此外,还通过账证相符、账账相符、账实相符等内部控制方式来保证数据的正确,堵塞漏洞。

会计电算化信息系统由于账务处理程序和会计工作组织体制的变化,除原始数据的收集、审核、编码由原会计人员进行外,其余的技术处理都由计算机部门负责。很明显,原来的内部控制方式部分地被计算机技术所代替,由人工控制转为人机控制,因此,对后者的控制要求更严密,范围更广泛。从国内外的情况分析可知,如不加强会计电算化信息系统的内部控制,必将造成比手工系统更大的危害。

综合上述种种区别,归结于一点,就是由于会计电算化信息系统数据处理方式的改变,引起了手工会计信息系统各方面的变化,这一变化将使得系统功能更为强大、结构更为合理、管理更为完善。

会计电算化是会计史上崭新的一页。计算机的应用不仅带来了数据处理工具的变化,也带来了信息载体的变化。实现会计电算化后,对传统的会计方法、会计理论都将产生巨大的影响,从而引起会计制度、会计工作管理体制的变革。会计电算化促进了会计工作的规范化、标准化、通用化和会计管理的现代化。

(五)会计电算化的实现过程

1. 制定整体规划与实施方案

会计电算化是一项系统工程,涉及单位内部各个方面,各单位负责人或总会计师应当亲自组织领导,主持拟定本单位会计电算化工作规划,协调单位内各部门共同做好会计电算化工作;各单位的财务会计部门是会计电算化工作的主要承担者,在各部门的配合下,财务会计部门负责和承担会计电算化的具体组织实施工作,负责提出实现本单位会计电算化的具体方案。

2. 配备计算机和会计软件

计算机和会计软件是实现会计电算化的重要物质基础,各单位可根据实际情况和今后的发展目标投入一定的财力,以保证会计电算化工作的正常进行。

各单位应根据实际情况和财力状况,选择与本单位会计电算化工作规划相适应的计算机机型和系统软件及有关配套设备。实行垂直领导的行业、大型企业集团,在选择计算机机型和系统软件及有关配套设备时,应尽量做到统一,为实现网络化打好基础。

配备会计软件是会计电算化的基础工作,选择会计软件的好坏对实现会计电算化的成败起着关键性的作用。配备会计软件主要有选择通用会计软件、定制开发会计软件、通用与定制开发会计软件相结合三种方式,各单位应根据实际需要和自身的技术力量选择配备会计软件的方式。

单位开展会计电算化初期,应尽量选择通用会计软件。选择通用会计软件的投资少、见效快,在软件开发或服务单位的协助下易于应用成功。选择通用会计软件应注意软件的合法性、安全性、正确性、可扩充性和满足审计要求等方面的问题,以及软件服务的便利;软件的功能应该满足本单位当前的实际需要,并考虑到今后业务发展的要求;应选择通过财政部或省、自治区、直辖市评审,或通过财政部批准具有商品化会计软件评审权的计划单列市财政厅(局)评审的商品化会计软件,在本行业内也可选择国务院业务主管部门推广应用的会计软件。小型企业、事业单位和行政机关的会计业务相对比较简单,应以选择投资较少的通用会计软件为主。

定制开发会计软件包括本单位自行开发、委托其他单位开发和联合开发三种形式。大中型企业、事业单位的会计业务一般都有其特殊需要,在取得了一定的会计电算化工作经验以后,也可根据实际工作需要选择定制开发会计软件,以满足本单位的特殊需要。

会计电算化初期选择通用会计软件,会计电算化工作深入后通用会计软件已不能完全满足其特殊需要的单位,可根据实际工作需要适时配合通用会计软件定制开发配套的会计软件,选择通用会计软件与定制开发会计软件相结合的方式开展会计工作。

3. 配备相应的会计电算化工作人员

会计电算化的工作岗位可分为基本会计岗位和电算化会计岗位。基本会计岗位包括会计主管、出纳、会计核算稽核和会计档案管理等工作岗位;电算化会计岗位包括直接管理、操作、维护计算机及会计软件系统的工作岗位。配备会计电算化工作人员要明确每个工作岗位的职责范围,切实做到事事有人管、人人有专责、办事有要求、工作有检查。

4. 建立严格的内部控制制度

明确规定上机操作人员对会计软件的操作工作内容和权限;对操作密码要严格管理,指定专人定期更换密码;杜绝未经授权的人员操作会计软件;预防已输入计算机的原始凭证和记账凭证等会计数据未经审核而记入机内账簿;操作人员离开机房前,应执行相应命令关闭会计软件。根据本单位的实际情况,由专人保存必要的上机操作记录,记录操作人、操作时间、操作内容、故障情况等内容。

5. 建立计算机硬件、软件和数据管理制度

保证机房设备安全和计算机正常运行是进行会计电算化的前提条

件,因此要经常对有关设备进行保养,保持机房和设备的整洁,防止意外事故的发生。确保会计数据和会计软件的安全保密,防止对数据和软件的非法修改和删除;对用磁性介质存放的数据要进行双备份。对正在使用的会计核算软件进行修改、对通用会计软件进行升级和对计算机硬件设备进行更换等工作,要有一定的审批手续。在软件的修改、升级和硬件的更换过程中,要保证实际会计数据的连续和安全,并由有关人员进行监督。健全计算机硬件和软件出现故障时进行排除的管理措施,保证会计数据的完整,健全必要的防治计算机病毒的措施。

(六)会计软件

1. 会计软件的概念

会计软件是完成从凭证到账簿再到报表的日常核算工作,完成资金、成本、销售和利润等核算、分析和控制工作,完成本量利分析、投资分析等工作的应用软件。

会计软件

2. 财务软件的分类

财务软件的分类方法很多,主要有:

(1)按使用范围划分

财务软件按使用范围,可分为通用财务软件和专用财务软件两种。通用财务软件就是由专业软件公司研制,公开在市场上销售,能适应不同行业、不同单位会计核算与管理基本需要的财务软件;专用财务软件一般是指由使用单位自行开发或委托其他单位开发供本单位使用的财务软件。目前,我国通用财务软件以商品化财务软件为主。

(2)按行业划分

财务软件按适用的行业,可分为企业版财务软件、行政事业版财务软件等。企业版又分为工业企业版和商品流通企业版。

(3)按会计信息共享性划分

财务软件按会计信息是否可共享,可分为单用户财务软件和网络与多用户财务软件。单用户财务软件生成的资料不能在计算机之间进行交换和共享。网络与多用户财务软件使不同工作站或终端上的会计人员可以共享会计信息,通过各用户之间资料共享,能够保证资料的一致性。

3. 财务软件的功能模块构成

根据会计核算各个部分的相对独立性,一个完整的电算化会计核算系统通常由下列几个子系统(或称功能模块)组成:账务处理子系统、工资核算子系统、固定资产核算子系统、采购与应付账款核算子系统、存货核算子系统、成本核算子系统、销售与应收账款核算子系统、会计报表子系统和财务分析子系统。

　　财务软件的功能模块,是指财务软件中有相对独立的会计数据输入、处理和输出功能的各个组成部分。财务软件一般分为总账系统、往来款管理、工资管理、固定资产、采购核算、存货核算、销售核算、项目核算、财务报表生成与汇总、财务分析等功能模块。其中,总账系统模块是财务软件的核心模块,该模块以记账凭证为接口与其他功能模块有机地连接在一起,构成完整的会计核算系统。财务软件功能模块如图7-1所示。

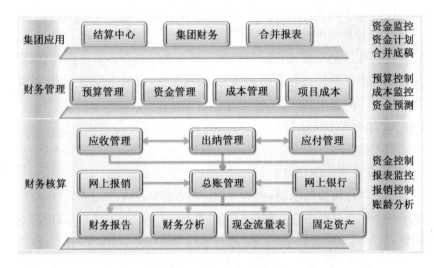

图7-1　财务软件功能模块

　　财务软件各模块功能描述:

　　(1)总账系统模块

　　总账系统模块是以凭证为原始数据,通过凭证输入和处理,完成记账和结账、银行对账、账簿查询与打印输出,以及系统服务和数据管理等工作。总账系统模块是所有模块的核心,其他模块以它作为数据交换和传递的桥梁。

　　近年来,随着用户对财务软件需求的不断提高和软件开发公司对总账系统模块的不断完善,许多商品化总账系统模块中还增加了个人往来款核算和管理、部门核算和管理、项目核算和管理以及现金银行管理等功能。

　　(2)工资管理模块

　　工资管理模块是以职工个人的原始工资数据为基础,完成职工工资的计算,工资费用的汇总和分配,计算个人所得税,查询、统计和打印各种工资表,自动编制工资费用分配转账凭证传递给总账系统模块。

工资管理模块实现对企业人力资源部分的管理。

（3）固定资产模块

固定资产模块主要完成对设备进行管理，即存储和管理固定资产卡片，可灵活地增加、删除、修改、查询、打印、统计与汇总；进行固定资产的变动核算，输入固定资产增减变动或项目内容变化的原始资料后，自动登记固定资产明细账，更新固定资产卡片，完成折旧的计提和分配，产生"折旧提取及分配明细表""固定资产清单"等，费用分配转账凭证可自动转入总账系统模块，可灵活地查询、统计和打印各种账表。

（4）往来款管理模块

往来款管理模块完成对各种应收、应付账款的登记、冲销工作，提供客户催款单和供应商对账单；对往来款项进行账龄分析，提供详细的客户和产品统计分析以及供应商和原材料统计分析，帮助财会人员有效地管理各种往来款项。

（5）采购管理模块

采购管理模块是根据企业采购业务管理和采购成本核算的实际需要，制订采购计划，对采购订单、采购入库进行管理，为采购部门和财务部门提供准确、及时的有用信息，辅助管理决策。

（6）销售管理模块

销售管理模块以销售业务为主线，实现对销售收入、销售费用、销售税金、销售利润的核算，自动生成产品收、发、存汇总表以及产品销售明细表，自动生成有关凭证传递给总账系统模块。

（7）库存管理模块

库存管理模块主要功能是审核采购入库单、生成并审核销售出库单，同时完成材料出库、产成品入库，以及盘点、调拨、组装拆卸、形态转换等业务。

（8）核算管理模块

核算管理模块主要针对企业存货的收、发、存业务进行核算，动态掌握存货的耗用情况，及时、准确地把各类存货成本归集到各成本项目和成本对象上，为企业成本核算提供基础数据，动态反映存货资金的增减变动，提供存货资金周转和占用分析，为降低库存、减少积压、加速资金周转提供决策依据。

（9）财务报表模块

财务报表模块主要根据会计核算数据（如总账系统模块产生的总账及明细账等数据），将企业会计核算的结果最后用报表形式反映出来。

(10)财务分析模块

财务分析模块是在核算的基础上对财务数据进行综合分析,不同会计软件的分析内容有所不同,一般有预算分析、前后期对比分析、图形分析等。

二、用友财务软件

(一)用友财务软件概况

用友软件股份有限公司成立于 1988 年,长期致力于提供具有自主知识产权的企业管理/ERP 软件、服务与解决方案。2001 年 5 月,用友软件股票在上海证券交易所挂牌上市(股票代码:600588)。2002 年,"用友"商标被认定为"中国驰名商标"。2004 年,用友软件股份有限公司被评定为国家"重点软件企业"。"用友软件"是中国软件行业知名品牌,是中国软件业最具代表性企业。

(二)用友财务软件操作过程

1. 建账(设操作员、建立账套)

(1)系统管理→系统→注册→用户名选 admin→确定。

(2)权限→操作员→增加→输入编号、姓名增加→退出。

用友建账
(设置操作员、
建立账套)

(3)建账→账套→建立→输入账套号、启用期、公司简称→下一步→公司全称、简称→下一步→企业性质、行业类别设置→工业/商业、新会计科目制度→账套主管选择→下一步→建账→科目编码设置→将会计科目长度 4-2-2 改成 4-2-2-2-2-2(增加 3 个二级科目)→下一步→小数位选择→下一步→建账成功。

(4)权限→权限→选账套号→选操作员→增加→选权限(或直接在"账套主管"处打钩)→确认。

注意:

第一,只有系统管理员(admin)才有权限设置或取消账套主管,而账套主管只有权对所管辖账套进行用户设置。

第二,设置权限时应注意分别选中"账套"及相应的"用户"。

第三,账套主管拥有该账套的所有权限,因此,无须为账套主管另外再赋权。

第四,一个账套可以有多个账套主管。

2. 系统初始化

进入总账,点击系统初始化。

(1)会计科目设置

①增加科目

会计科目→增加→输入编码、中文名称(如 100201→中国银行，550201→差旅费)→增加→确认。

初始设置增
加会计科目与
设置辅助核算

②设辅助核算

点击"相关科目"，如 1131 应收账款，双击"应收账款"，点"修改"，在辅助核算栏中，点击"客户往来"，点击"确认"；2121 应付账款，点"修改"，在辅助核算栏中，点击"供应商往来"，点击"确认"。

③指定科目

系统初始化→会计科目→编辑→指定科目→现金总账科目→1001现金(双击)→确认。

指定会计
科目与
设置凭证类别

银行总账科目→1002 银行存款→确认。

注意：

第一，被指定的"现金总账科目"及"银行总账科目"必须是一级会计科目。

第二，只有指定现金及银行总账科目才能进行出纳签字的操作。

第三，只有指定现金及银行总账科目才能查询现金日记账和银行存款日记账。

(2)凭证类别→记账凭证或收、付、转凭证

(3)结算方式→增加→保存

如编码1 支票结算

　　　101 现金支票

　　　102 转账支票

　　2 贷记凭证

(4)客户/供应商分类→增加→保存

如编码 01 上海

　　02 浙江

　或 01 华东

　　02 华南

增加客户/
供应商分类

(5)客户/供应商档案录入→所属类别→增加→编号、全称、简称→保存

增加客户/
供应商档案

(6)录入期初余额

①若年初启用，则直接录入年初余额。

②若年中启用，则需输入启用时的月初数(期初余额)，并输入年初至启用期初的累计发生额。损益类科目的累计发生额也需录入。

期初余额的
录入

③有辅助核算的科目录入期初数→直接输入累计发生额。输入期

初余额时须双击,在弹出的窗口点击增加→输入客户、摘要、方向、金额→退出。

注意:

第一,如果要修改余额的方向,可以在未录入余额的情况下,单击"方向"按钮进行。

第二,如果在录入余额科目时有辅助核算项,则在录入余额时必须录入辅助核算项的内容,而修改时也应从辅助核算项中进行修改。

第三,若科目中有涉及数量的核算要求,则录入余额时还应录入该余额数量。

第四,若期初试算余额不平衡,需检查校正;若不修改校正平衡,无法记账。

第五,凭证一旦记账后,期初余额显示灰色,变成只读状态,不能再对其进行修改。

3. 填制、删除凭证

填制、删除凭证

(1)填制凭证

点击填制凭证按钮,在弹出的对话框中点增加按钮,分别录入凭证类别、附单据数、摘要、凭证科目、金额直至本张凭证录入完成。如果要继续增加,直接点增加就可以;如果不需要继续增加,点击保存后退出即可。注意:损益类科目中,收入类科目发生业务时只能做贷方,费用类只能做借方。

(2)删除凭证

当发现凭证做错时,可以进行删除。删除前也要取消审核、记账和结账。具体操作为:在填制凭证的标题栏中,点"制单"按钮下拉菜单下的"作废/恢复",再点"制单"下的"整理凭证",选择月份,点"确定",选择要删除的凭证,一般点全选→确定→是,即可。

4. 审核凭证/取消审核

审核凭证与记账

注意:不能与制单人为同一人。

(1)换人审核/取消审核:文件→重新注册→换用户名(非制单人)、选期→确定。

(2)审核凭证→凭证审核→选凭证类别、月份→确认→确定→审核/取消批量审核/批量取消审核→"文件""审核"→成批审核凭证/成批取消审核。

5. 记账

记账→记账范围或全选→下一步→下一步→记账→确定。

注意:

第一,若期初余额试算不平衡,则不允许记账;若有没审核的凭证,则不允许记账;月末未结账,本月则无法记账。

第二,一旦记账后,则不能再整理凭证断号。

第三,若不输入记账范围,系统会默认为所有凭证。

6. 自动转账

(1)汇兑损益结转→选择结转月份、外币币种→点击右边放大镜→输入汇兑损益入账科目 5503→确定→全选→确定→生成一张凭证→保存(有外币的才需结转)。

(2)期间损益结转→点击右边放大镜→选择凭证类别、输入本年利润科目 3131→确定→选择结转月份→全选→确定→生成一张凭证→保存。

注意:自动生成的凭证也要审核、记账。

7. 结账

期末处理→月末结账→选择结账月份→下一步→对账→下一步→下一步→结账。

8. UFO 报表

(1)进入 UFO 报表→打开→选择报表所在文件→选择报表模板(如资产负债表)。

(2)左下角"格式"或"数据",在格式状态下输入公式,在数据状态下录入数据。

(3)在数据状态下,打开报表模板,在最上一排工具栏上→数据→账套初始→输入账套号、会计年度→确认→数据→关键字→录入→输入年、月、日→确认→是否重算第×页→是。

注意:

第一,如出现"是否重算全表",则点"否"。

第二,若要追加表页,则点击编辑→表页→输入增加的页数→确认。

第三,如果报表的数据不对,可以在总账模块的账簿菜单下查询余额及发生额表进行核对。如果总账中的数据与报表的数据一致,但与实际数不对,有可能是凭证录入有错误。

第四,报表应该是在所有凭证处理完记账后制作,通常可以月末结账后再做。

9. 备份

(1)在 D 盘新建文件夹,如"用友备份",再建二级文件夹,如名"050630"。

(2)进入系统管理→系统→注册→选用户名 admin→确定。

(3)账套→输出→选择账套→确认。

(4)选择备份文件夹→D:\用友备份\050630→确认。

10.反记账、反结账

(1)反记账→进入总账→期末处理→试算并对账→选择需取消记账的月份(同时按 Ctrl＋H)→提示"恢复记账前状态"已被激活→确认→退出→再点击工具栏上的"凭证"→恢复记账前状态→恢复月初状态→确定→输入口令→确认→确定。

(2)反结账→进入总账→期末处理→月末结账→选择需取消结账的月份(同时按 Ctrl＋Shift＋F6)→输入口令→确认→取消。

三、金蝶财务软件

财务软件是指为财务核算提供的应用软件。财务软件的作用有：

一是有助于会计核算的规范化,有助于带动财务管理乃至企业管理的规范化,从而提升企业管理水平,提高企业效益。

二是提高会计核算的工作效率,降低会计人员在账务处理方面的工作强度,改变"重核算、轻管理"的局面。

三是减少工作差错,便于账务查询等。

目前市场上主要的财务软件:(1)如果是大中型企业,可以考虑金蝶和用友、IBM 等大型软件供应商;(2)如果是中小型企业,可以考虑金蝶小版本软件,以及管家婆、浪潮、蓝海灵豚财务软件等。

(一)金蝶财务软件概况

金蝶国际软件集团有限公司(www.kingdee.com)是香港联交所主板上市公司(股票代码:00268)、中国软件产业领导厂商、亚太地区企业管理软件及中间件软件龙头企业、全球领先的在线管理及电子商务服务商。金蝶以引领管理模式进步、推动电子商务发展、帮助顾客成功为使命,为全球范围内超过 50 万家企业和政府组织成功提供了管理咨询和信息化服务。金蝶连续 4 年被 IDC 评为中国中小企业 ERP 市场占有率第一名,连续 2 年被《福布斯亚洲》评为亚洲最佳中小企业,2007年被 Gartner 评为在全世界范围内有能力提供下一代 SOA 服务的 19家主要厂商之一。2007 年,IBM 与雷曼兄弟入股金蝶国际,成为集团战略性股东,金蝶与 IBM 组成全球战略联盟,共同在 SOA、市场销售、咨询与应用服务、SaaS 多个方面进行合作。

(二)金蝶财务软件操作步骤

1. 建立账套

(1)桌面图标→系统登录→新建→新建账套→保存在(选择账套存放位置,如D:\自己的文件夹)→文件名(录入账套号,如001)→保存。

(2)建账向导→输入账套名(如公司)→下一步→选择行业(如工业企业、商品流通企业)→下一步→下一步→定义会计科目结构(不用修改)→下一步→账套启用会计期间(如2009年1月1日)→下一步→完成。

2. 初始化设置

(1)账套参数设置:账套选项→凭证→新增→凭证字(录"记")→选项(补选"凭证保存后立即新增")→确定。

(2)增加操作人员。首先,增加用户组:工具→用户管理→用户组设置→新增→用户组名(财务组)→确定。其次,增加操作人员(会计人员):用户设置→新增→用户名(如张三)→安全码(123456)→确定。最后,给新增的操作人员赋权:选定待赋权的人员→授权→操作权限(凭证:除"审核"外全选;账簿、报表、结账:全选;其他:选凭证检查、科目合法性检查和不能修改其他用户凭证)→权限适用范围(选本组用户)→授权→确定。

用同样的方法再增加审核组和审核人员及授权(只需在"凭证"标签页中选"审核"和"查看",其余的可不用选择)。

(3)增加二级科目:会计科目→增加→科目代码(录入科目代码、名称)→增加。

(4)录入年初余额:初始数据→期初余额(录入上年度的余额)→汇总。

(5)试算平衡:启用账套→继续→备份文件所在的驱动器和目录(如D:\自己的文件夹)→确定→完成。

3. 凭证编制

(1)更换操作员:菜单"文件"→更换操作员→系统登录→用户名(选会计人员的名)→更换。

(2)凭证编制:凭证输入→凭证字(选"记")→凭证号(自动编制)→附单据(据实填写)→摘要(按实际填写)→会计科目(录入借方科目代码)→借方金额(按实际填写)→会计科目(录入贷方科目代码)→贷方金额(按实际填写)→保存。

4. 凭证审核

(1)更换操作员:菜单"文件"→更换操作员→系统登录→用户名

（选审核人员的名）→更换。

（2）凭证审核：凭证审核→单张审核→审核。

5. 记账

（1）更换操作员：菜单"文件"→更换操作员→系统登录→用户名（选会计人员的名）→更换。

（2）记账：凭证过账→前进→前进→完成。

6. 结账

（1）期末处理→结转损益→前进→前进→完成。

（2）期末处理→期末结账→前进→（不设口令）→不压缩备份到自己的文件夹→完成。

知识加油站

财务软件如何选择

第一，选择一些大品牌的财务软件，大公司做得好是有原因的，相对于其他财务软件来说，大品牌的服务商技术更加成熟和稳定，运用起来更加方便，售后也服务到位，安全性比较高。

第二，价格是一个很重要的因素，买到物美价廉的产品是我们所追求的，可以给企业节省很多资金，有很多免费的财务软件可以达到节省成本的效果，但是，中间遇到问题后却没有售后解决，会成为更大的麻烦。

第三，财务软件的版本很多，有网络版和单机版，网络版会比较安全，功能全，能提供更多的服务，单机版会差一些，企业可以根据自己的需求来选择。

任务二 认识其他财务软件

【任务描述】

刘芳所在企业为了提升财务人员应用财务软件的整体水平，以提高财务人员解决问题的能力，决定对整体财务人员进行培训，不仅需要了解金蝶、用友常见财务软件的应用，还需继续学习其他财务软件的相关知识。

本任务我们就来认识其他财务软件。

【任务实施】

认识其他
财务软件

本任务了解的其他财务软件主要有易飞 ERP、管家婆以及商贸通标准版软件。

一、易飞 ERP

神州数码管理系统有限公司(DCMS)由神州数码与中国台湾最大的 ERP 管理软件商鼎新电脑合资成立。公司的定位是面向制造及流通等行业,提供专业化、标准化和高水准的管理软件、解决方案、系统集成、管理咨询、IT 规划咨询、外包托管,以及相关的培训和实施服务。其特点如下:

(1)界面清晰,在线帮助功能强大。

(2)财务分析资料提供多维分析,以图表形式呈现,自动形成凭证分录,对于采用利润中心经营模式的事业部,其费用分摊方式可自行设定,无论设定的组织架构如何,均可轻易获得单一事业部的财务信息,也可合并不同事业部的财务报表。功能全面,在单据、报表方面有独特的优良设计,可以实现以参数弹性调整信息化的管理深度、用户自行定义单据、用户自行设计报表。

(3)操作易学易用。运用最新信息技术内嵌流程自动化引擎(workflow engine)及在线屏幕提示系统(online monitor),具有线上事件自动监控功能。外派人员也可通过互联网方便地对系统执行远程访问,获取信息及服务。系统可以在掌上电脑上使用。

(4)推崇"专业化"服务理念,即标准化的管理软件、标准化的咨询服务、标准化的业务拓展。易飞 ERP 是入选 2003 年度国家科技成果重点推广计划立项项目的首款 ERP 软件,提倡的标准化与国际软件标准比较接近,只是目前易飞在全国的服务网络还不够完善。

易飞 ERP 是针对较小企业的 ERP 管理套装软件,适用于多营业点、多工厂、多地域管理等分布式企业环境,面向制造及流通等行业。

二、管家婆

(一)管家婆辉煌版

管家婆辉煌版软件是"进销存财务管理一体化"的典范软件,帮助管理者全面管理商品账、资金账、往来账、费用收入账,了解每一分资金、每一件商品、每一笔欠款、每一笔费用、每一份收入及盈亏的来龙去脉,随时自动生成资产负债表与损益表;并且充分考虑到中小企业规模不大、人手不足、缺乏足够的专职会计等特点,能够直接面对企业经理或老板(并非仅仅是会计),以智能化的操作做到懂生意就会管账,满足老板能亲自参与管账的心态,也可以让任何不懂会计和电脑的人无须专门培训就能完成管账的职能。它适合中小企业老板自用,能简单地管好每一笔账。

适用行业：百货、服装、鞋帽、汽配、家电、机电、化妆品、建材、化工、医药、计算机、图书等。

适用用户：私营企业、家族企业、夫妻店、批发店、没有专职会计的流通型中小企业等。

操作人员：可以是企业经理、会计、业务员或者老板授权的任何人。

(二)管家婆标准版

管家婆标准版适合企业有专职会计、希望标准化管理的账务。它具有高效的进销存管理系统，全线跟踪进销存过程，提供强大的统计分析工具，把握进销存管理的关键，并且有完整的财务管理系统。

(三)管家婆门店版

门店是指非独立核算的异地销售点。门店版支持进货、销售、退货、收款等模块，支持指定型号的小票打印机、专用可编程键盘、IC卡、钱箱、扫描器等POS组件。门店版不能独立使用，必须与标准版配合使用。如果门店版的功能不能满足需要，可以用网络版或单机版来进行门店管理，这两个版本自身既可以做后台管理，又可以做门店管理，只是在作为门店版时，超级用户需要对使用者做更加谨慎的权限设置。

(四)管家婆服装鞋业版

管家婆服装鞋业版继承了管家婆优秀的进销存及简单的管账模式，并对服装行业的服装颜色及尺码进行了全面管理；系统采用SOL大型数据库，让用户在大数据量的情况下仍然保持应用的效率及稳定性。其主要特点如下：

(1)尺码组管理：对服装、鞋帽等商品进行专门的尺码管理。

(2)颜色组管理：对服装、鞋帽等商品进行专门的颜色管理。

(3)存货管理：对断码查询，如果发生断码，系统可以进行报警。

(4)存货状况查询：各库存商品颜色与尺码查询。

(5)销售查询：可以查询各型号、各颜色商品的月销售状况。

(6)畅销性分析：统计各颜色、各尺码商品的销售数量、比例、利润、成本情况。

(7)进货分析：进货颜色、进货尺码统计。

(8)业务分析：统计各类单据的商品的颜色、尺码情况。

(9)订货管理：订单统计中查询商品的颜色、尺码状况。

三、商贸通标准版软件

商贸通标准版软件专注于进货、销售、库存、资金的全面管理,联网使用是最优选择。第一时间想知道今天、这一周、这个月或者这一年挣了多少钱？收回多少钱？花掉多少钱？欠别人多少钱？别人欠款多少？总之,需要掌握公司全面运营情况的,都可以选择用友商贸通标准版软件。

商贸通标准版软件全面满足各类成长型商贸企业进销存及财务核算需求,由进销存业务处理、账务处理、财务报表组成,为企业提供多种灵活的业务处理方法,准确、及时汇总财务数据,出具多角度业务分析报表及基本财务报表,规范业务流程,加速资金周转,降低运营成本,提高企业盈利能力及市场竞争力,帮助成长型商贸企业高速发展。其特点及应用功能如下：

(一)使用价值

大胜算：经营从此不再模糊,竞争策略有根有据,帮助企业从容驾驭竞争。

活应用：提供多种自由项选择,业务处理灵活多变,帮助企业随心所欲掌控流程。

抠细账：详尽汇总商品账与往来账,清清楚楚了解每一件货、每一分钱的来龙去脉。

做会计：智能化账务处理模式,老板不懂财务专业知识也可以管账理财。

易上手：流程导航简洁明了,紧扣实际业务环节,帮助企业轻松实现信息化。

(二)功能应用

进货业务：进货入库、进货退货、进货换货。

销售业务：销售出库、销售退货、销售换货。

零售业务：向零散客户销售商品的业务活动,主要用于前台 POS 系统操作。

库存业务：同价调拨、变价调拨、商品报损、商品报溢、商品盘点、商品调价、组装拆卸、商品赠送、商品获赠。

钱流管理业务：收款业务、付款业务、其他收入、费用管理、内部转款、调账业务。

报表查询：报表中心、进销存分析、决策支持。

知识加油站

财务软件

国内比较知名的财务软件有金蝶、用友、一本账、柠檬云、浪潮、四方、速达、新中大、金钥匙、润衡等,其中金蝶、用友是比较老牌的财务软件,在业界做了很多年,以前是靠单机版、主分机版起家的,抓住了第一波计算机在国内的流行发展起来,联手开启了会计电算化的时代。

会计从算盘和手工记账转到电脑上,对财务软件的需求很大。传统的财务软件产品抓好了市场,获取用户,并且一直延续到现在。互联网和手机端的普及,使越来越多的财务软件升级到了云系统,新生代的财务软件不断涌现。

实训演练

财务软件的使用

(一)实训目的

通过学习财务软件相关知识,使学生熟练应用常用的各种财务软件。

(二)实训要求

学生能够进行财务软件的实际操作,能应用财务软件对日常业务进行处理。

(三)实训过程

上机练习用友财务软件及金蝶财务软件的具体操作。

项目八
珠算技能

学习目标 ∥

素质目标

1. 培养学生动手操作能力。

2. 培养学生严谨细致、求真求准、吃苦耐劳、勤于动手及团结协作的良好品质精神。

知识目标

1. 了解珠算算盘的结构和珠算算理要求。

2. 熟练掌握珠算拨珠动作及珠算加减乘除口诀。

3. 熟练掌握珠算加减乘除运算中的出错与检查方法。

技能目标

1. 正确认识珠算算理。

2. 学会正确拨珠。

3. 熟练掌握加减乘除运算口诀和基本心算要求,能够熟练拨打算盘。

案例导入

历时 5 年珠算"申遗"成功

经过 5 年努力,联合国教科文组织称珠算存在 1 800 余年,为"最古老的计算机"。

2013 年 12 月 4 日晚,在通过联合国教科文组织的审议后,珠算正式被列入人类非物质文化遗产名录。这是我国第 30 项被列为非遗的项目。而中国目前是世界上拥有世界非物质文化遗产数量最多的国家。

此前联合国教科文组织曾介绍说,珠算是中国古代的重大发明,伴随中国人经历了 1 800 多年的漫长岁月。它以简便的计算工具和独特的数理内涵,被誉为"世界上最古老的计算机"。

2009 年 1 月,中国珠算申报联合国"人类非物质文化遗产代表作名录"。但是当时申遗并未成功,中国珠算协会曾数次修改申报材料,直至 2013 年才传来捷报。

中国珠算心算协会副会长苏金秀在珠算申遗成功后对新华社记者说,随着计算机技术的发展,珠算的计算功能逐渐被削弱,但是古老的珠算依然有顽强的生命力。今天珠算成功申遗,将有助于让更多的人认识珠算、了解珠算,增强民族自豪感,吸引更多的人加入弘扬与保护珠算文化的行列中来。

珠算是以算盘为工具进行数字计算的一种方法,被誉为中国第五大发明。早在 2008 年,经国务院审核批准,珠算被列入第二批中国国家级非物质文化遗产名录。作为财会专业的学生,学习珠算尤其重要。

任务一　珠算基本知识与使用方法

珠算

【任务描述】

李想是财会专业大一的学生,第一次上珠算技能课的时候,老师问学生:"计算加减法,算盘和计算器比,哪一种打得更快呢?"学生回答:"肯定是计算器快呀。"老师摇摇头说:"熟练使用算盘的话,是可以比计算器还要快呢。"李想感到很不可思议,算盘竟然能计算得这么快,她下定决心好好学习珠算。

本任务我们就来跟随李想一起学习珠算。

【任务实施】

珠算有多种类型,学习珠算需要先了解珠算的基本知识及使用方法。

一、珠算的基本知识

(一)珠算技术的起源与发展

珠算是以算盘为计算工具、以数学理论为基础,运用手指拨珠进行数学运算的一门计算技术。珠算技术发展至今,经历了一个漫长的历史过程,它是我国古代劳动人民的重要发明创造之一。

虽然珠算在中国具体创始于何时至今尚无确切的依据,但从考古发现与现存史料分析中可以看出其发生和发展的大体轮廓——源于商周,始于秦汉,臻于唐宋,盛于元明,逐步替代了其他计算方式、计数和计算工具,在计算领域独领风骚,一直发展至今。

算盘是以珠进行数字计算的一种古老的计算工具。我国的算盘是在古代"算筹""珠算板"的基础上逐步演变而来的。据《周髀算经》记载,远在春秋时代以"竹筹"计算的"筹算方法"就已出现。汉末徐岳所著的《数术记遗》中就有了对"珠算板"的描述:"刻板为三分,其上下二分以停游珠,中间一分以定算位,位各五珠,上一珠与下四珠色别。"经过逐渐演变改良,到宋代已出现了我国古代的算盘。随着社会生产的发展和科学技术的进步,算理算法日趋成熟,算盘结构不断得以完善。

珠算自产生至今已有1 800多年的历史,它一直在实践中发展,已形成一套独立完整的理论体系和计算体系。作为珠算工具的算盘,具有结构简单、使用方便的优点,因而被广泛使用,具有极强的生命力。尽管当今世界计算工具已进入了电子时代,但电子计算工具仍无法完全替代算盘,它们将长期并存、互相补充。算盘直观形象,在运算过程中手、眼、耳、脑并用,能促进智力开发,提高思维能力,尤其是经济工作者,经常运用珠算,能保持对数字的敏感度,增强经济判断能力。

(二)算盘结构及种类

1. 算盘的种类

(1)算盘常见种类

①圆珠大算盘

算珠为圆形,上二珠下五珠,适用于三指拨珠,是我国传统算盘。其主要使用区域是山海关以南各省、区、市。

②菱珠小算盘

算珠为菱形,传统型为上一珠下五珠,现多为上一珠下四珠,适用于二指拨珠。其主要使用区域是东北地区。

③中型算盘

算珠多为菱形,上一珠下四珠,是圆珠大算盘的改进型,一般是三指拨珠,如果用二指拨珠则运算速度较慢。现在人们普遍使用经过改进后的算盘,它增加了清盘器、计位点、垫脚等装置。

(2)根据算盘每一档上珠、下珠数目的不同划分种类

①七珠大算盘

这种算盘上珠两颗,下珠五颗。最上面的一颗上珠称为顶珠,最下面的一颗下珠称为底珠,在一般计算方法中不使用顶珠和底珠。常见的规格有9、11、13、17档。七珠大算盘的优点是:算珠的宽度与手指宽度相称,拨珠时手指的运动比较自然;算珠较大,看起来比较清楚。使用算盘计算时,以珠表示数,以档表示位。将算珠拨靠横梁时,下珠每颗为1,上珠每颗为5。上下珠都不靠梁为空档,表示0。在算盘上计数时,每档为一数位,高位在左,低位在右。

②五珠小算盘

这种算盘上珠一颗,下珠四颗,无顶珠、底珠。小算盘一般为尖珠多档,常见规格有19、21、23、27档。小算盘优点较多:体积小巧,携带更为方便;拨珠时手指活动距离短,可以提高计算速度;计算时可将算盘放在账表上面,操作方便;声音小,利于工作;等等。与使用大算盘相同,五珠小算盘也是以珠表示数,以档表示位;拨珠靠梁时,下珠为1,上珠为5,空档为0。计数时同样是高位在左,低位在右。

③六珠小算盘

这种算盘与五珠小算盘基本相同,只是下珠为五颗,可以在使用一些传统计算方法时动用底珠。

2. 算盘的结构

算盘一般由以下几个部分组成:

框,算盘的四边——上边、下边、左边、右边。

梁,算盘中间的横木。它将算珠分成上珠和下珠,以靠梁算珠表示数字。

档,串算珠的直杆,它表示数位。

珠,分上下珠,代表数字。上珠每颗代表5,下珠每颗代表1。

定位点,梁上的标记,在梁上每三位有一个黑点,与数字中的分节号相对应。起着定位、找位的作用。

3. 常用名词

(1)算盘

算盘是我国古代劳动人民创造的一种计算工具。它是指按一定规格构成的算珠系统。古书中也称珠盘。

(2)算珠(珠、珠子、算盘珠)

在计算中,由于其所处的空间位置不同,因而可以有不同赋值的珠子。算珠有圆珠和菱珠两种。

(3)内珠(梁珠)

靠梁的算珠叫内珠,又叫梁珠,它表示数字。

(4)外珠(框珠)

离梁靠框的算珠叫外珠,也叫框珠。它通常表示0和无数字,做补数运算时,也表示补数。

(5)带珠

拨珠时,把本档或邻档不应拨入或拨去的算珠带入或带出叫带珠。

(6)漂珠(漂子)

拨珠时用力过轻或过重,造成不靠边、不靠梁、漂浮在档中间的算珠叫漂珠。

(7)空盘

算盘上所有档上的算珠全部靠框不靠梁叫空盘。空盘表示算盘里没有计数。

(8)空档

上下珠都不靠梁的档叫空档。0是以空档来表示的。

(9)隔档

隔档也称隔位。一般称本档的左二档或右二档为隔档。

(10)前档(上位)

算盘本位的左一档(位)比本位大10倍。

(11)下档(下位)

算盘本位的右一档(位)是本位的1/10。

(12)借档(串档)

运算过程中未将算珠拨入应拨的档位。

4. 算盘的认位、看数、置数

（1）认位

算盘是用档表示数位的，每一档表示一个数位。通常选用一个有定位点的档作为个位档，从个位档向左依次为十位档、百位档、千位档、万位档……从个位档向右依次为十分位档、百分位档、千分位档……

在认位时，一定要利用算盘上的定位点与数字中分节号的对应关系来找位。算盘的记位，采用国际上通用的三分位节制，用横梁上的定位点表示。为了读写方便，可记住记位口诀：梁上定位点，三位分节段，一节前千位，二节前百万，三节前十亿，四节前万亿。

（2）看数或计数

看数是珠算最关键的第一步。看数时，最好看一眼后能快速、准确地拨珠上档或在纸上写出数据。刚开始的时候，如果做不到，也可以从分节看数开始练习。看数时，应注意三方面的问题：一是计算资料离算盘的距离要短；二是看数时切忌念出声音；三是看数时要坐端正，不能左右摇晃或左顾右盼。正确的看数方法是：按照分节，顺序看数，从高位开始，"每次一节，一节一看，分节看数"。

写数时，要养成盯盘的习惯。一道题计算完毕，左手握住清盘器，注意不能让盘上珠被移动，同时眼睛盯盘，在准确的写数位置上从高位到低位连同小数点一次性书写成功。这个过程中要保证快速、准确，尽量避免失误。

看数的技术与拨珠的技术应当相互配合，同时并重，随着水平的提高达到看拨一致、边看边拨，拨珠看数不间断，保持运算的连续性。

（3）清盘与置数

清盘，就是把靠梁的算珠用手指拨去成为空盘。清盘的方法因使用的算盘不同而有所不同，目前，大多数算盘设有清盘器，运算前按一下清盘器即可清盘。

算盘以靠梁的算珠表示数值，每颗靠梁上珠代表 5，每颗靠梁下珠代表 1。拨算珠靠梁为加，拨算珠离梁为减，每档最大数值为 9，9＋1 为 10，向前档进 1，前档的 1 是后档的 10，空档（无靠梁算珠）表示 0。置数时，按照从高位到低位、由左到右按其位数拨入算盘相应的正确档中。

二、珠算基本使用方法

珠算是依靠手指拨动算珠来进行计算的，手指拨珠的方法就叫指法。指法是学好和用好珠算技术的基础,要做到拨珠迅速、准确,必须在初学时掌握正确、规范的指法动作。手指拨动算珠时,拨珠的力度要均匀适当,轻巧灵活,落子要稳、准、快,拨珠时手指与盘面的角度要略呈垂直,用指尖准确地拨算珠的刃边,要求手指拨珠灵活,手臂不要摆动,一拨到位,避免多拨和少拨算珠。

(一)打算盘的姿势

打算盘的姿势与我们传统看书或写字的正确姿势一致:面桌而坐,坐姿要端正,身体略前倾;算盘放置在胸前桌面上,拨珠时右手臂略抬起,不要靠在桌面上。

使用菱珠小算盘时,左手握住算盘的左端,要让算盘与计算题目尽可能地接近,以达到边看边拨的效果,当盘面需要移动时,用左手握盘做上下或左右平稳的平行移动。使用圆珠大算盘时,所计算题目应放在算盘下,计算时边算边用左手向上推动纸张。

(二)持笔方法

打算盘时,要养成持笔拨珠的习惯。持笔的方式多种多样,但较好的方法有以下三种:

一是中指、无名指持笔法。笔尖向右,笔杆通过虎口,从中指与无名指之间穿过。

二是掌心持笔法。用不拨珠的各指把笔直接握在掌心中。

三是把笔横插在右手拇指与食指之间,笔杆上端伸出虎口,笔尖露出于食指与中指的指根间。这样持笔不妨碍拨珠,可节省时间。

(三)二指拨珠法

上推:用拇指推动下珠靠梁,如加1、加2、加3、加4。

下拨:用食指拨动上珠靠梁或下珠离梁,如加5、减4、减3、减2、减1。

上挑:用食指挑动上珠离梁,如减5。

双合:用食指和拇指使上珠和下珠同时靠梁,如3+6、2+7、1+8、0+9等。

双分:用食指和拇指使上珠和下珠同时离梁,如9-9、8-8、7-7、6-6等。

双上:用拇指推动下珠靠梁的同时,用食指挑动上珠离梁,如5-1、6-2、7-3、8-4等。

双下:用食指拨动上珠靠梁的同时,用拇指压动下珠离梁,如4+1、3+2、2+3、1+4等。

(四)三指拨珠法

上推:用拇指推动下珠靠梁,如加1、加2、加3、加4。

下拨:用中指拨动上珠靠梁,如加5;或者用食指拨动下珠离梁,如减4、减3、减2、减1。

上挑:用中指挑动上珠离梁,如减5。

双合:用拇指和中指使上珠和下珠同时靠梁,如0+9、1+8、2+7、3+6等。

双分:用中指和食指使上珠和下珠同时离梁,如9-9、8-8、7-7、6-6等。

双上:用拇指推动下珠靠梁的同时,用中指挑动上珠离梁,如5-1、6-2、7-3、8-4等。

双下:用中指拨动上珠靠梁的同时,用食指拨动下珠离梁,如1+4、2+3、3+2、4+1等。

(五)拨珠注意事项

另外,练习拨珠运算时要留意以下几点:

(1)用力要适度,算珠要拨到位。不能用力过重,也不能太轻。

(2)手指离开盘面的距离要小,拨珠要连贯,做到指不离档。

(3)看准算珠再拨,力戒重复拨动某一算珠,减少不必要的附加动作。

(4)拨珠顺序。拨珠应先后有序、有条不紊为好,即便两指联拨、三指联拨,也有顺序,不能先后颠倒、层次不分。

(5)拨珠要顺畅,要做到手指协调自然。

以上拨珠要领要熟练掌握,才能提高拨珠效率,在拨珠过程中充分运用联拨运算,力求减少单指独拨,做到拨珠既稳又准。使用七珠大算盘,指法应为:拇指专拨下珠向上靠梁,食指专拨下珠向下离梁,中指专拨上珠的上下靠梁、离梁。无名指和小指自然弯曲,以免误带无关算珠或妨碍视线。根据运算需要,有单指拨珠、两指联拨、三指联拨和连续拨珠几种拨珠动作。使用五珠或六珠小算盘,指法应为:拇指专拨下珠向上靠梁,食指既拨下珠向下离梁也拨上珠的上下靠梁、离梁,其他三指向掌心自然弯曲。根据运算需要,可有单指拨珠、两指联拨和连续拨珠几种拨珠动作。

为了提高运算速度,应在手指合理分工的基础上,尽量采用两指联拨,同时动作。使用七珠大算盘还应注意利用三指联拨。连续拨珠时,虽然不能同时动作,但也应连贯紧凑,力求迅速。

（六）珠算的特点与算理

在学习珠算计算方法之前，必须搞清珠算计算不同于其他计算方法，有其自身特殊性，只有认识了这些特性，才能充分利用算盘这一传统的计算工具。珠算具有以下特点：

（1）算盘以算珠靠梁表示计数。每颗上珠当 5，每颗下珠当 1，以空档表示 0，以档表示数位。高位在左，低位在右。

（2）置数前，算盘上不能有任何算珠靠梁。置数时，应先定位，由高位到低位（从左向右）将预定数字按位逐档拨珠靠梁。

（3）珠算在进行加减运算时极为方便。珠算加减从左向右进行，与实际工作中读数顺序一致。可以边看边打，在被加数（被减数）上连加（连减）几个数，其结果立即从盘面上显示出来。

（4）在熟练地掌握了加减运算方法的基础上，乘除运算在盘上就变成了用大九九口诀的加减运算，不像笔算那样繁杂。

（5）珠算采用"五升十进制"。由于一颗上珠当五，当下珠满五时，需用同档的一颗上珠来代替，称为五升。当一档数满十向左档进一，称为十进。"五升十进制"是珠算的一个规则，也是算盘赖以生存和发展的一个基础。

任务二　了解珠算拨珠方法

【任务描述】

李想学习完珠算的基本知识及使用方法后，觉得珠算真是学问颇深，为了更好地掌握珠算运算，李想决定先提前预习功课，主动学习珠算的加减乘除运算。

本任务我们就来学习珠算的运算。

【任务实施】

珠算的运算包括加法运算、减法运算、乘法运算以及除法运算。

一、珠算加法

珠算加法运算有四种操作方式：

（一）直接加

两数相加时，加数可以直接打在被加数上，不发生进位，也没有任何一个珠被拨去。按照指法的要求,如使用大算盘,加 1、2、3、4 用拇指向上拨,加 5 用中指向下拨,均为单指拨珠;加 6、7、8、9 用拇指、中指上下同时拨,为两指联拨。如使用小算盘,加 1、2、3、4 用拇指向上拨,加 5 用食指向下拨,均为单指拨珠;加 6、7、8、9 用拇指、食指上下同时拨,为两指联拨。

运算开始时的置数,即被加数、被减数、被乘数、被除数等置于算盘上,也完全是应用以上指法。

运算方法为:加看外珠,够加直加。

(二)凑五加

当两数均不足 5,而其和大于等于 5 时,需要动用一颗上珠,并在下珠中减去因补五而多加的部分。使用大算盘为两指联拨,用中指、食指同时向下拨。使用小算盘为连续拨珠,只用食指向下拨,先拨上珠靠梁,再将相应的下珠拨去。

运算方法为:下珠不够,加五减凑。

(三)进位加

在珠算加法运算时,当被加数与加数之和大于 10(或等于 10)时,须向前档进一,本档减去多加的数(加数的补数),这种运算称为进位加。

运算方法为:本档满十,减补进一。

(四)破五进十加

在进十的加法中,可能遇有加 6、7、8、9 而本档下珠不够减 4、3、2、1 的情况。即当被加数大于等于 5,加数也大于 5,而其和又不足 15(否则还可应用上种方式)时,不能直接在被加数本档下珠中减去因进位而多加的部分,需从被加数作 5 的上珠中减去因其和进位而多加的部分,因此应拨去上珠 5,同时在下珠中加上因破五而多减的部分,然后进位加 1。此时使用大算盘的指法动作为连续拨珠,先用拇指、中指两指联拨,做本档加减,然后用拇指前档进一。拨珠时应注意动作连贯迅速。使用小算盘也为连续拨珠,先用拇指、食指两指联拨,做本档加减,然后用拇指前档进一。这时也同样应注意动作紧凑迅速。前档进位加 1 的指法动作与上种方式所做说明相同。

运算方法为:六上一去五进一。

知识加油站

加法口诀表

不进位的加,进位的加

直加,满五加,进十加,破五进十加

加一:一上一,一下五去四,一去九进一

加二:二上二,二下五去三,二去八进一

加三:三上三,三下五去二,三去七进一

加四:四上四,四下五去一,四去六进一

加五:五上五,五去五进一

加六:六上六,六去四进一,六上一去五进一

加七:七上七,七去三进一,七上二去五进一

加八:八上八,八去二进一,八上三去五进一

加九:九上九,九去一进一,九上四去五进一

二、珠算减法

减法是加法的逆运算。减法也有相应的四种操作方式:

(一)直接减

两数相减时,减数可以直接从被减数中减去,不发生退位,也不在本档添加任何数字。按照指法要求,如使用大算盘,减 1、2、3、4 用食指向下拨,减 5 用中指向上拨,均为单指拨珠;减 6、7、8、9 用中指、食指上下同时拨,为两指联拨。如使用小算盘,减 1、2、3、4 用食指向下拨,减 5 用中指向上拨,均为单指拨珠;减 6、7、8、9 用食指向下向上两次拨珠,为连续拨珠。运算结束后,如采用逐字清盘方法,即应用以上指法。

运算方法为:一去一,二去二,等等。

(二)破五减

当两数相减时,被减数大于等于 5,即有上珠靠梁,减数虽不足 5,但下珠不够减,需动用上珠来减,并在下珠中加上因破五而多减去的部分。此时使用大算盘的指法动作为两指联拨,用拇指和中指同时向上拨。使用小算盘也为两指联拨,用拇指和食指同时向上拨。

运算方法为:一上四去五,二上三去五,等等。

(三)退十减

当本档不够减时,需从上一档退一作十,与减数的差额直接加在本档上。如使用大算盘,减 1、2、3、4 为连续拨珠,先用食指前档减 1,然

后用拇指、中指做两指联拨,将差数加在本档上。此时虽规定为连续拨珠,但可以三指紧密配合,力求动作合一。其余为两指联拨,除减 5 用食指、中指外,减 6、7、8、9 都使用食指、拇指拨珠。如使用小算盘,减1、2、3、4 为连续拨珠,先用食指前档减 1,然后用拇指、食指做两指联拨。减 5 也为连续拨珠,用食指先后做前档减 1 和本档加 5。减 6、7、8、9 为两指联拨,用食指和拇指同时拨珠。

在减 6、7、8、9 的运算中,有时做两指联拨不很方便,如前档靠梁的下珠较多,本档没有下珠靠梁,在减 9 或减 8 时,也可做连续拨珠的运算,但务必使动作连贯迅速。

关于前档退一的指法动作,以上只谈了使用食指直接减 1 的情况。在实际运算中,还应根据前档的具体情况,并按指法要求,或做破五的减 1,或做退十的减 1。

运算方法为:一退一还九,二退一还八,等等。

(四)退十补五减

在退十的减法中,当遇有减 6、7、8、9,而前档退一减后的差数不能直接加在本档原有数上时,即被减数小于 5,减后的差数也小于 5,而其和大于 5,这时应补加 5,并在下珠中减去因补五而多加的部分。此时使用大算盘为连续拨珠,用食指前档减 1 之后,再用中指、食指做两指联拨,拨下本档一颗上珠,并同时拨去相应的下珠。使用小算盘也为连续拨珠,只用食指,先做前档减 1,再拨下本档一颗上珠,并随即拨去相应的下珠。前档减 1 的指法动作与上种方式所做说明相同。

运算方法为:六退一还五去一,七退一还五去二,等等。

(五)倒减法

在减法运算中,当被减数小于减数时,如 331-469,一般可以采用颠倒相减的方法。即 331-469=-(469-331)=-138。但如出现在连续运算中,如 305+26-469+187+45,采用这种方法则必须中断运算,进行记录、清盘,甚至再记录、再清盘,极其影响工作效率。如能采用珠算的借减法,则可使运算连续进行,不致中断。

使用借减法,在遇到小数减大数时,可在被减数前的适当档次"虚借 1"。"虚借 1"所在档次视减数的位数而定。一般情况下,减数是个位数,在十位档借 1,即借 10;减数是十位数,在百位档借 1,即借 100;减数是百位数,在千位档借 1,即借 1 000;以此类推。然后,就可进行正常的相减运算了。相减之后,算盘上的数与"虚借 1"的差数就是计算结果(负数)。这个差数可以通过观察迅速得到。读出或写出正确结果的方法是:从"虚借1"这一位的后面一档开始,每一档都要读这档数字与9的差数(如使用上一下四的五珠算盘,此差数即该档未拨出的数),最后档非零数字读其与10的差数。

如果借减之后还要继续加减,不需中断、清盘,可以在算盘上数字的基础上继续运算。当运算过程中算盘上的结果能够归还虚借的"1"时,要及时还掉,归还后算盘上的数字就已是可以直接记录的计算结果,并且是正数;如始终不能归还虚借的"1",说明最后结果仍为负数,还需通过观察算盘上的数与虚借"1"的差数来得到。

知识加油站

减法口诀表

不退位的减,退位的减

直减,破五减,退位减,退十补五减

减一:一下一,一上四去五,一退一还九

减二:二下二,二上三去五,二退一还八

减三:三下三,三上二去五,三退一还七

减四:四下四,四上一去五,四退一还六

减五:五下五,五退一还五

减六:六下六,六退一还四,六退一还五去一

减七:七下七,七退一还三,七退一还五去二

减八:八下八,八退一还二,八退一还五去三

减九:九下九,九退一还一,九退一还五去四

三、珠算乘法

珠算乘法是在加法的基础上,根据乘法口诀进行的运算,乘法是加法的简便运算。珠算乘法的种类很多,按不同的分类方法,有置数乘法、空盘乘法、前乘法、后乘法、隔位乘法、不隔位乘法等,在这些方法中,最简便、最容易掌握的还是空盘前乘法,本文介绍的也是这种方法。所谓空盘前乘法,"空盘"是指被乘数和乘数均不置在算盘上,而将两者的乘积直接拨在算盘上;"前乘"是指乘数首先与被乘数的首位相乘,随后自左向右逐位相乘,直至乘完为止。空盘前乘法的优点是:被乘数和乘数事先均不拨入算盘,节约了拨珠布数的时间,尤其在求多笔乘积之和的算题时,可边乘边加,不必把各个乘积算得后再相加,节约了运算时间,提高了运算速度。

(一)数的位数

数的位数可分为正数位、负数位、零数位。

1. 正数位

凡是数的最高位在小数点左几位,就是正几位。如 137.428(+3位)、46.32(+2位)。

2. 负数位

凡是数的最高位在小数点右,而最高位与小数点之间有几个零就是负几位。如 0.023(-1位)、0.0023(-2位)。

3. 零数位

凡是数的最高位在小数点右,而最高位与小数点之间没有零的就是零位。如 0.57328(0位)、0.64(0位)。

(二)积的定位法

1. 乘法口诀

乘法口诀也称大九九口诀,大九九口诀共有 81 句;有小数在前、大数在后,包括同数的口诀 45 句,称为小九九,也叫顺九九口诀;其余 36句是大数在前、小数在后的口诀,称为逆九九口诀(如 6×3=18,9×6=54)。

在大九九乘法口诀表中,每句口诀都由 4 个数字组成,其中第一个汉字数字表示被乘数,第二个汉字数字表示乘数,后两个阿拉伯数字表示乘积。

大九九口诀表如下:

一一 01、一二 02、一三 03、一四 04、一五 05、一六 06、一七 07、一八08、一九 09

二一 02、二二 04、二三 06、二四 08、二五 10、二六 12、二七 14、二八16、二九 18

三一 03、三二 06、三三 09、三四 12、三五 15、三六 18、三七 21、三八24、三九 27

四一 04、四二 08、四三 12、四四 16、四五 20、四六 24、四七 28、四八32、四九 36

五一 05、五二 10、五三 15、五四 20、五五 25、五六 30、五七 35、五八40、五九 45

六一 06、六二 12、六三 18、六四 24、六五 30、六六 36、六七 42、六八48、六九 54

七一 07、七二 14、七三 21、七四 28、七五 35、七六 42、七七 49、七八

56、七九 63

八一 08、八二 16、八三 24、八四 32、八五 40、八六 48、八七 56、八八 64、八九 72

九一 09、九二 18、九三 27、九四 36、九五 45、九六 54、九七 63、九八 72、九九 81

读大九九口诀时,要严格按照表中四字一句去读。如"二三 06"读作"二三零六",不能读作"二三得六";"五八 40"读作"五八四零",不能读作"五八四十";"三四 12"读作"三四一二",不能读作"三四一十二"。

2. 积的定位

积的定位取决于被乘数和乘数的位数。设 m 表示被乘数的位数,n 表示乘数的位数,则乘积的定位公式为:

乘积的位数＝$m+n$　　　　　　　　　　　　　　　　(8—1)

乘积的位数＝$m+n-1$　　　　　　　　　　　　　　(8—2)

当积的最高位数字小于两因数中任何一个因数的最高位数字时,用公式(8—1)定位。

如:$30 \times 7 = 210$

运算结束后,算盘上的数是 21。因为乘积的首位是 2＜被乘数的首位 3,用公式(8—1)定位,所以乘积的位数＝$m+n=2+1=3$ 位,结果为 210。

当积的最高位数字大于两因数中任何一个因数的最高位数字时,用公式(8—2)定位。

如:$434 \times 20 = 8\ 680$

运算结束后,算盘上的数是 868。因为乘积的首位是 8＞被乘数的首位 4,用公式(8—2)定位,所以乘积的位数＝$m+n-1=3+2-1=4$ 位,结果为 8 680。

当乘积的首位与被乘数、乘数的首位数都相等时,比较乘积的次位与被乘数、乘数的第二位,比较方法同上。

如:$15 \times 12 = 180$

乘积的首位与被乘数、乘数的首位数都相等,而乘积的次位大,所以用公式(8—2)定位,乘积的位数＝$m+n-1=2+2-1=3$ 位,结果为 180。

(三)空盘前乘法

乘法是求一个数的若干倍的方法,是根据乘法口诀进行的特殊的加法运算,特点是念乘法口诀时错位相加。珠算乘法的种类很多,在这些方法中,最常用、最便捷,与笔算很相似,而又最容易掌握的是空盘前乘法。空盘前乘法是在五珠算盘出现之后改进原有珠算乘法的基础上产生的新方法,实践表明,空盘前乘法很有实用价值,被认为是最科学的珠算乘法。所谓"空盘",是指被乘数、乘数都不拨入算盘,直接从被乘数首位与乘数首位开始乘;所谓"前乘",就是按从左至右的顺序计算。这样将各部分积直接在盘上相加的运算就是空盘前乘法。在空盘前乘法熟练后,运算顺序可以根据需要灵活掌握,以提高运算效率,这时的空盘前乘法实际上成了"空盘法",不过习惯上仍称为空盘前乘法。

空盘乘法是一种要求较高计算技能的快速计算方法。它不需在算盘上布数,只需用眼看或用心记账册、单据上的数字,将两数的乘积依次拨入盘内,求出答数。由于空盘乘法节省了布数的步骤和时间,运算速度快、效率高,应用比较广泛。

在当今珠算方法中,最受推崇的要算"空盘前乘法"了。但空盘前乘法也有不尽如人意的地方,就是碰到被乘数、乘数的数字或乘积中含0较多时,对定位的要求较高,比较容易出错。空盘前乘法乘积的定位宜用公式定位法。

1. 一位数乘法

一位数乘法是指乘数只有一位数的乘法,空盘前乘法的一位数乘法也叫"单积一口清",是珠算乘除法的基础。

"单积一口清"是一种能够一次直接读出一位数乘以多位数之积的速算方法,它是根据数字之间的内在联系总结出来的一套特殊的运算规律,即提前进位,本位积加进位积,也简称"本个加后进"。

2. 多位数乘法

多位数乘法是指被乘数和乘数均是两位以上的乘法,是多个一位数乘法的组合。多位数乘法的基础是"单积一口清"和多位数加减法。

多位数空盘前乘法的顺序是,被乘数从首位至末位,依次与乘数的首位至末位相乘逐步累加,直至乘完所有位数为止。

四、珠算除法

珠算的商除法是一种古老的求商方法。这里"商"是指试商、估商;"除"是指除去,即试商与除数的乘积从被除数上拨减。商除法与笔算除法的计算方法基本相同,主要是先心算估商,将估商置于被除数左侧(笔算是将商写于算式的上方),然后用估商与除数的最高位及依次各位(笔算是从除数的末位开始依次到高位)相乘,其积从被除数上减去。

商除法由于方法简单,且不必另记口诀,因而易被初学者掌握,但此方法的主要特点是心算估商,因此,如果想提高估算的准确性及运算速度,就必须加强心算练习。

(一)一位数除法

除数是一位非 0 数字的除法称为一位数除法。其运算方法的步骤如下:

1. 定位和置数

如果用公式定位法,是依据被除数首位与除数首位的非 0 数字相比较的结果确定选用定位公式:如果被除数大,则位数相减加 1;如果被除数小,则位数相减。如果用固定个位法确定商的位数,则首先确定一个带定位点的档为个位档,然后运用置被除数首位数档次公式(以下简称置数公式)$D=A-(B+1)$ 确定被除数首位所在档位,依次拨珠入盘。

2. 估商

运用九九口诀试商,使试商与除数乘积小于且最接近于被除数。

3. 置商

当被除数大于除数时,商置在被除数(或除数)首位的左二档上,其左一档为空档,因此称为隔位商;当被除数小于除数时,商置在被除数首位的左一档上,因此称为挨位商。由此,商除法的置商可以归结为一句话:数大隔位商,数小挨位商。

4. 减积

用试商与除数相乘,其积的十位数从商的右一档减去,积的个位数从商的右二档减去。

5. 运算结果

遇到除不尽的情况时,可按照计算要求保留相应位数的小数(如国家珠算等级鉴定要求中规定普通 1～6 级,除算保留两位小数)。传统方法是:如果结果要求保留 N 位小数,则除算到小数点后 $N+1$ 位,然后做四舍五入处理。除这种方法外,还可采用减少一步除算,即不计算小数点后 $N+1$ 位的商,直接判断是否"舍去"或"入 1"的问题:计算到小数点后 N 位商时,按余数是否等于或大于 1/2 除数来判断。也就是说,余数大于或等于 1/2 除数时,小数点后 N 位商数加 1,为"1";反之,商数不变为"舍去"。需要注意的是,由商除法得出的余数首位与商数应相隔一档(即余数首位在商右二档上),要防止看错余数的位数。

(二)多位数除法

除数为两个或两个以上非 0 数字的除法称为多位数除法。商除法

的多位数除法与一位数除法的运算方法是相同的,只是增加了心算负担和减积步骤。其基本运算步骤和方法如下:

1. 定位和置数

与一位数除法相同,可根据自己掌握的程度选择公式定位法或固定个位法。

2. 估商

多位数除法的估商,由于要完成两位或两位以上的除数,因此,在估商时不能像一位数除法那样简单地用九九口诀心算估商,否则可能出现估商偏大或偏小的现象。估商偏大时,须退商;估商偏小时,则须补商。这些都影响运算速度。退商,尤其中途退商,更为繁难,因而估商时,一般情况下要"宁小勿大"。在实际计算中,可以采用"首位加1"的方法估商,即看除数的第二位数,如果此数字大于或等于5,就用除数首位数加1的数字估商。

3. 置商

置商时,要按照"数大隔位商,数小挨位商"的原则处理。

4. 减积档次

试商与除数的第几位相乘,积的十位数就从试商右边的第几档减去,在其右一档减去积的个位数。为了避免在运算过程中出现计算一位乘积找一次对应减积档影响速度的做法,可以参考减积规律:上次减积的个位档,就是本次减积的十位档,本次减积的个位档,又是下次减积的十位档;手指始终停留在每次减积的个位档上,依次递位迭减。这样运算,既快又不容易减错档次。

5. 运算结果

多位数除法的运算结果处理与一位数除法相同。

(三)补商和退商

在估商过程中,试商可能偏小或偏大,这就需要通过采用补商或退商的方法对试商进行调整,即商偏小须补商,商偏大则退商。

1. 补商

在多位数除法运算过程中,试商减积后,发现余数仍大于或等于除数时,说明估商偏小,应及时调整,补拨商数,即补商,不必重新运算。补商的方法为:在试商上加1,同时隔位减1倍除数;试商加几,就隔位减几倍除数。

2. 退商

在商除法运算过程中,心算估商不仅可能偏小,有时也可能偏大,即出现试商与除数的乘积不能完成"除去"这一步(被除数不够减)的情况。这时也可以不重新计算,而以退商的方法来调整试商。退商的方法为:从试商上减1,隔位加还已经除过的那几位除数,然后再用调整后的试商去乘尚未乘减的那几位除数,并将其积从被除数的相应档位中减去。

知识加油站

朱世杰《算学启蒙》(1299 年)卷上"归除歌诀"

一归如一进,见一进成十

二一添作五,逢二进成十,四进二十,六进三十,八进四十

三一三十一,三二六十二,逢三进成十,六进二十,九进三十

四一二十二,四二添作五,四三七十二,逢四进成十,八进二十

五归添一倍,逢五进成十

六一下加四,六二三十二,六三添作五,六四六十四,六五八十二,逢六进成十

七一下加三,七二下加六,七三四十二,七四五十五,七五七十一,七六八十四,逢七进成十

八一下加二,八二下加四,八三下加六,八四添作五,八五六十二,八六七十四,八七八十六,逢八进成十

九归随身下,逢九进成十

五、珠心算

珠心算,即珠算式心算,通俗地讲,就是在脑子中打算盘,也就是把0～9各数表示在脑中想象的虚算盘上,通过想象模仿珠算的拨珠动作来进行拨珠运算,在高度熟练的基础上,形成条件反射,无须拨动算珠,即能直接计算出结果。它是一种不用算盘的纯意念式的心算,是以珠算的形象和方法在大脑中进行的一种计算活动。学习珠算式心算,首先,要有熟练的珠算技术为基础;其次,要在脑中想象虚算珠,进行想象拨珠练习,这是珠算式心算的关键。想象练习要由易到难,开始时可闭目强迫大脑进行想象,然后逐步过渡到不闭目进行想象。先练习听算,待熟练后再练习看算。

(一)珠心算指法

1. 珠心算双手拨珠法

珠心算指法主要是指双手拨珠。双手拨珠以右手为主、左手为辅，右手管加减，左手管进位与退位，左手放在右手前一档，左手随右手移动而移动。

双手拨珠指法有两种：第一种是右手用拇指与食指，左手用食指与中指；第二种是左右手都用拇指与食指。两法比较，第二种方法左右手对称，动作容易协调。

2. 珠心算联拨指法

珠心算联拨指法是指几个拨珠动作同时完成，发出一个声音，目的是提高速度和效率，为心算打下坚实的基础。它包括二指联拨、三指联拨、四指联拨。

（二）珠心算加减法则与规律

加减法是珠心算的基础，熟练地掌握加减心算，可以使珠心算乘除法更容易掌握。

1. 珠心算加减法则

固定个位，对齐数位，从左向右，加减同位。

算盘梁上的分节号如果在两档之间，就选择右边第一个分节号前一档为个位；分节号如果在档上，就选择分节号所在的档为个位。所有的个位数都要加在这一档，所有的十位数都要加在前一档，以此类推。

2. 珠心算加减规律

够加直加，够减直减；下珠不够，加 5 减凑，下减不够，减 5 加凑。本档不够加，减补进一；本档不够减，退一加补。

加减规律即加减口诀，要求熟背牢记。

（三）加减法从珠算过渡到心算的过程

1. 数珠互译

数珠互译就是将计算的数反映成大脑中的珠。算珠是形象的，数是抽象的，通过数珠互译，用形象的算珠来表达抽象的数，使得对抽象的数能敏捷反应，快速计算。数珠互译，是心算的基础与必要条件。

2. 珠数互译

珠数互译就是将脑中的珠翻译成计算中的数。珠数互译是加减法从珠算过渡到心算的必由之路。目的是使大脑中的"静"珠变为"动"珠，把"死"珠变为"活"珠，是用大脑中算珠图像进行计算的起步。

3. 看数、记数训练

看数、记数训练借助数字卡片。事先制作数字卡片若干。首先，进行看数、写数训练。任何一张卡片，看 1 秒钟将看到的数记住并迅速写下来。也就是说,1 秒钟看数,2～4 秒钟写数。练习一段时间,再做多张卡片的训练,熟练后位数由少到多,逐步增加数的位数和卡片的张数。其次,进行记数、读数训练。看数方法同前,只是间隔 1～2 秒钟将看到的数背读出来。注意仍由少到多,循序渐进。

4. 听算、看算练习

加减法的听算、看算顺序,一般来讲,应先练听算,后练看算,然后听算与看算交替练习。

5. 珠心算加减要实现的转变

珠心算加减要遵循由浅入深、由易到难、由简单到复杂循序渐进的认识规律。要实现以下几个转变:

(1)由一位到多位。

(2)由两笔到多笔。

(3)由纯加到加减混合。

(4)由数珠互译到珠数互译。

(5)由听心算到看心算。

(6)由珠算到心算。

(7)由量变到质变。

(四)乘心算

乘心算与珠算乘法一样,一般用九九口诀进行乘加或用"单积一口清"累加,其定位方法与珠算方法一致。初学时应由易到难,先从一位乘以两位开始,逐步向一位乘以多位发展,一般掌握两三位就可应用于日常工作和生活中了。

其方法步骤如下:

(1)将被乘数与乘数最高位"单积一口清",按空盘前乘法脑记档位与珠型;

(2)将被乘数与乘数第二位数"单积一口清",与前积心算同位相加后脑记档位与珠型;

(3)其余类推。

由于每次同位加,个位数都要向右延伸一位,大脑的储存量逐渐增多,脑记越来越困难,因此,在第二次积同位加后,可以写下首位数脑记剩余的档位与珠型,以减轻脑记负担。

(五)除心算

除心算就是利用商除法立商后,从被除数中用"单积一口清"同位减写下商数,脑记余数。其方法步骤如下:

(1)把被除数从左三档起映入脑中(除数看题);

(2)立商,用"单积一口清"试商后立商并写下;

(3)减积,除数与首商"单积一口清",从被除数中同位减;

(4)脑记余数;

(5)再依次立商、减积直至结束;

(6)用公式定位出商数。

除心算比加减法、乘法的难度大,应用范围也较小。运用时,一般使用隔位商除法,定位方法与珠算定位法相同。

六、加减算的差错与检查

工作数据要求百分之百准确无误,计算中应力求一次正确完成。初学者比较容易计算错误,所以在加减计算完毕之后,需要对计算结果进行复核验算,发现差错时及时找出原因,以防重犯。

(一)差错原因分析与纠正预防方法

计算中出现差错是难免的,重要的是必须找到出现差错的原因。差错一般是由以下几个原因造成的:

1. 拨珠有误

在快速拨珠的时候,会出现两种差错情况:一是多拨珠或少拨珠;二是拨珠时用力不当,算珠悬挂在档中间而不到位,造成盘面混乱,产生计算差错。

纠正预防方法:严格按指法规则拨珠,思想要集中,不慌不忙,用力适中,快慢适度。

2. 漏打或重打

计算中稍有走神,就会出现漏打了一笔数字或多打了一笔数字。

纠正预防方法:为防止走神,思想不开小差,计算时左手一定要指行,左手指到哪里,右手就打到哪里。

3. 两数错位

看数时,将相邻的两个数字颠倒了位置。例如将 647 看成 674,相邻的两个数看颠倒了,计算差错数是 9 的倍数。

纠正预防方法:看数与拨珠都要十分小心,要全神贯注,防止读错。

4. 错档

拨珠时错了档位,例如将百位数拨在千位档上或拨在十位档上,计算结果必然是错误的。

纠正预防方法:看数时要注意每一个数字的第一位数应拨在什么

档位上,必须判断正确。拨珠时要注意算盘上的计位点,找准第一个数字的档位,这样就可以减少拨珠错位的情况。

5. 正负方向

在加法混合计算中,由于思想开小差,将某一行数字,把加法错作为减法,或把减法错作为加法进行运算,其结果是该行数字差错的2倍。

纠正预防方法:计算中要看清该行数字的正负符号,要提醒自己不要出错。

6. 答数抄错

在抄写答数时,看错了盘面上的算珠,抄错了答数。

纠正预防方法:抄写答数时要认真细心,初学者很容易将一颗作5的上珠当作1来抄写。

(二)加减法验算方法

1. 重算复核法

打完一遍之后,重新再打一遍,两次计算的结果相同,通常说明计算的结果是正确的。如果发现两次计算的结果不一样,应再计算一次,如果与其中一个数字相同,通常说明这个数字是正确的。

2. 分段复核法

将一组较长的数字分为几段,并分别计算出它们的结果。分段后,每一段应计算的数字相对较少,不容易发生差错,如果发生差错,也可以分段复核,比较容易寻找差错。

3. 逆运算复核法

加法与减法互为逆运算。加法复核时,将其和作为被减数,减去各位加数,答数应为零;减法复核时,将其差数作为被加数,加上各位减数,答数应是原来的被减数。

4. 尾数复核法

加减计算的差错往往发生在数字的末位上。如果单单是末尾数出了差错,就不必将全部数字重新复核一遍,只需复核最后一位数字。

七、乘除算的差错与检查

(一)乘算的差错与检查

乘法运算的过程中,由于带珠、口诀用错、拨珠错档等原因,常会出现运算结果的出错。为了保证计算结果的正确,往往需要用重复计算的方式进行检查。但从计算效率来讲,重复计算所花费的时间较多,因

而对所有算题都用重复计算法不是检查乘法的最佳方法。根据笔者的实践体会,现介绍以下几种检查方法供读者参考:

1. 首位检查法

这种方法是将乘数与被乘数的首位数相乘,将所得的积数与原积数的首位进行比较;如果两者不一致,则以后者的数字大于或等于前者确定为原答数可能正确;否则,肯定是错误的,需要重新计算。

2. 末位检查法

在整数乘法中,将被乘数与乘数的末位数相乘,将所得的积数与原积数的末位进行比较;如果两者一致,表明原积数末位数是正确的;否则,肯定是错误的,需要重新计算。乘法运算中拨珠次数多,当计算到末位时,由于带珠、定位等原因,常会出现末位数出错,因此,这种方法较多被采用。

3. 中间位检查法

乘法除了头、尾出错容易检查外,中间位因为带珠等原因,也极有可能会出错。因此,有必要对中间位的数值进行检查。检查方法用弃九检查法。弃九检查法是将算式等号左边被乘数和乘数的各位数字相加,满 9 后弃 9,再把两者弃 9 后的余数相乘再弃 9,看得到的余数是否与等式右边乘积的各位数弃 9 后的余数一致:如果一致,表明算式无带珠;如果不一致,则表明算式错误,需要重新计算。

用弃九检查法检查后,仅能表明算式无带珠,不能表明算式答案正确。因为在答案中间多加 0 或少加 0,用弃九检查法是检查不出来的,只有用定位检查法来加以验算。另外,弃九检查法对乘积颠倒数位的错误检查也无效。因此,有一定的局限性。

(二)除算的差错与检查

1. 首位还原法

这种方法是将商数的首位数与除数的首位数相乘,将所得的积数与被除数的首位进行比较;如果两者不一致,则以后者的数字略大于或等于前者确定为商数可能正确;否则,肯定是错误的,需要重新计算。

2. 末位还原法

在除得尽的算题中,将商数的末位数与除数的末位数相乘,将所得的积数与被除数的末位进行比较;如果两者一致,表明商数末位数是正确的;否则,肯定是错误的,需要重新计算。在除法运算中,由于定位、估商不准等原因而造成的差错,用末位还原法能检查较多的除法题。

3. 中间位检查法

除法除了首位、末位容易出错外,中间位因为带珠等原因,也极有可能出错,而用前两种方法是检查不出来的。因此,除法中间位检查可采用弃九检查法。

弃九检查法是将被除数各位数相加,满9后弃9,看余数是否等于除数弃9后的余数与商数弃9后的余数之积:如果相等,表明算式中间位无带珠,可能正确;如果不相等,表明算式错误,需要重新计算。

中国智慧

中国珠算

珠算是以算盘为工具进行数字计算的一种方法,"珠算"一词最早见于汉代徐岳撰《数术记遗》。明代经济高度繁荣,由于商业发展的需要,珠算得到普遍推广,逐渐取代了以前通用的筹算。在此情势下,明人程大位编撰的《直指算法统宗》为珠算的推广和发展起到了极其重要的作用。

明代以后,中国珠算先后传到日本、朝鲜、东南亚各国,近年又逐渐流行于美洲。进入信息化时代以后,珠算开始走向衰落,其计算功能已由电子计算机承担。

珠算是中华民族的重大发明,在人类科技史上占有重要的一席之地。作为一种传统的民间知识和独特的实践方式,珠算仍有其历史文化价值,亟须大力抢救和保护。

珠算始于汉代,至宋走向成熟,元明达于兴盛,清代以来在全国范围内普遍流传。最迟从宋代开始,珠算逐步取代其他各种计算技术和用品,成为中国特有的计算工具。至明代,算盘在计算领域独领风骚,使用方法愈加完善,促进了我国社会经济和科学技术的发展进步。

珠算文化涵盖了与珠算相关的数学科学、数学教育、应用技术及智能开发等内容,在文学、历史、音乐、美术等相关文化领域也有一定的作用。珠算适用面广,具有很强的科学性和实用性,这一特点促进了它的推广和普及,使它在中华大地代代相传,承沿至今。珠算文化不仅深深根植于中国,而且16世纪时还传播到周边国家和地区,对其经济、文化和科学技术的发展起到了推动作用。

珠算是中华民族祖先的重大发明,它在中华民族发展史上的贡献不亚于"四大发明"的任何一项。目前,随着电子计算机的普及,珠算已失去了原来的作用,在现代社会中日渐边缘化,濒临灭绝,亟须各有关方面采取有效措施加以抢救和保护。

实训演练

珠算加减乘除模拟实训

(一)实训目的

通过练习熟练掌握珠算加减乘除的计算,提高工作效率。

(二)实训要求

学生能用珠算解决加减乘除问题。

(三)实训过程

表 8—1 　　　　　　　　　　加减混合运算训练题

一	二	三	四	五
3 783.31	＋7 685 942.21	＋42 132.43	＋76 543.76	＋987 230.09
87 086.42	＋88 903.11	＋73 629.56	＋62 706.45	＋302 003.22
80 708.33	＋2 729 174.65	＋1 557 893	＋12 893.33	＋987 452.87
561 862.59	＋854 691.21	＋2 547 825	＋364 287.94	＋518 718.11
58 413.99	－512 877.22	－7 841 259.32	＋551 792	＋941 257.56
1 985 617	－41 587.25	－95 124.22	－12 473.25	＋9 871 563
8 543 167.56	－7 532.21	－65 472.31	－641 573.63	－941 234.11

表 8—2 　　　　　　　　　　乘除混合运算训练题

0.983÷0.512 4＝	1 257×45 902＝
8 543×12 675＝	0.482 2÷0.894＝
98 665×41 633＝	80 209 751×364＝
56 325×15 661＝	380 292÷4 930＝
384.98÷12.08＝	942.22÷72.22＝
3.98÷0.7512＝	741 551×89 143＝
280 285×832＝	15 679 952×94 257＝
2 882÷92.82＝	1 478 125×84 257＝
98 730×87 634＝	480 924÷2 894＝
2 588×82 904＝	0.493×48 024＝

参考文献

[1]袁艳红.会计基本技能实训教程[M].上海:立信会计出版社,2016.

[2]刘树海.会计基本技能[M].北京:中国人民大学出版社,2014.

[3]王娟,祁金祥.会计基本技能训练(第二版)[M].北京:清华大学出版社,2018.

[4]人力资源和社会保障部教材办公室.会计基本技能[M].北京:中国劳动社会保障出版社,2009.

[5]吕智娟,廖红.会计基本技能(第2版)[M].长沙:中南大学出版社,2018.

[6]黎旭坚.会计基本技能(第三版)[M].北京:中国财政经济出版社,2018.

[7]黄清泉,王峰.会计基本技能指导与实训[M].长沙:中南大学出版社,2010.

[8]翟翠娟,张秀倩.会计基本技能[M].西安:西安电子科技大学出版社,2016.

[9]郭启庶,张建强.会计基本技能(第4版)[M].北京:中国财政经济出版社,2016.

[10]张成武.会计基本技能[M].上海:立信会计出版社,2015.

[11]高杉.会计基本技能[M].上海:立信会计出版社,2015.

[12]林迎春.会计基本技能[M].大连:东北财经大学出版社,2017.

[13]李颖.会计基本技能实训[M].北京:经济管理出版社,2014.

[14]史春光.会计基本技能(第2版)[M].北京:中国劳动社会保障出版社,2018.

[15]蔡秋玉.会计基本技能项目设计[M].重庆:重庆大学出版社,2019.

[16]兰自珍.会计书写技能实训教程[M].成都:电子科技大学出版社,2017.

［17］王晓辉.会计基本技能教程(含练习册)［M］.北京:北京理工大学出版社,2015.

［18］魏晓玲,王立朋.会计基本技能［M］.石家庄:河北科学技术出版社,2012.

［19］谢雪萍,付萍.会计技能［M］.成都:电子科技大学出版社,2014.

［20］刘洪斌.会计基本技能实训教程［M］.重庆:重庆大学出版社,2012.